Anatoli Karpow

SIEGEN MIT RUSSISCH

RAU

Walter Rau Verlag

Düsseldorf

Übersetzung aus dem Russischen von Dagobert Kohlmeyer, Schachagentur Berlin

1. Auflage 1993
© 1993 by Walter Rau Verlag, Düsseldorf

Dieses Buch wurde aus Gründen des Umweltschutzes
auf sauerstoffgebleichtem Papier gedruckt!

Umschlaggestaltung: Miguel Carulla, Düsseldorf
Titelbild: Dagobert Kohlmeyer
Druck und Bindung: Wiener Verlag, Himberg bei Wien
Printed in Austria
ISBN 3-7919-0481-7

Inhaltsverzeichnis

Vorwort

Die Russische Partie wird schon durch den zweiten Zug von Schwarz bestimmt: 1.e4 e5 2.Sf3 **Sf6**, und die Eröffnung ist auf dem Brett fixiert. Welche Besonderheiten zeichnen sie aus? Vor allem eine: im Kampf zwischen gleichstarken Gegnern »riskiert« Schwarz, sofort ins Remis-Fahrwasser zu gelangen. Nach 3.Se5: d6 4.Sf3 Se4: 5.De2 De7 6.d3 und dem Damentausch hat Weiß einen halben Punkt fast sicher.

Ist das jedoch ein Nachteil der Russischen Partie? Ich erinnere daran, daß Weiß auch in einer aktuellen Variante der Spanischen Partie den Kampf umgehend beenden kann (Te8, Sg5, Tf8, Sf3 usw.). Dies haben, nebenbei gesagt, viele meiner Gegner auch getan, als ich mit Schwarz gegen sie spielte.

In der Praxis strebt ein Schachspieler, gegen den Russisch gespielt wurde, nach der Initiative. Gerade in diesem Fall kann Schwarz mit Recht auf einen spannenden Kampf mit beiderseitigen Chancen hoffen. Laut Statistik steht die Erfolgsquote von Schwarz der Anzahl von Weißsiegen kaum nach.

Bemerkenswert ist, daß diese relativ seltene Eröffnung in vier meiner WM-Kämpfe gegen Garri Kasparow vorkam. Sieben Partien leisteten einen bedeutenden Beitrag zur Eröffnungstheorie. Man kann ohne Übertreibung feststellen, daß der gesamte Komplex der Russischen Partie noch nie mit solcher Intensität untersucht wurde wie nach meinen Duellen mit Kasparow.

Obwohl der Leser möglicherweise mit den Russischen Partien (außer der New Yorker von 1990) durch mein Buch »Wie spielt man offene Eröffnungen?« bekannt ist, habe ich diese natürlich in das vorliegende Buch aufgenommen, welches speziell dieser Eröffnung gewidmet ist. Das umso mehr, da in der Zwischenzeit viele wichtige Beispiele, Variantenpräzisierungen und neue Ideen hinzugekommen sind. Alle finden ihren Niederschlag in diesem Buch.

Ebenso wie in meinem vorhergehenden Werk »Gewinnen mit Grünfeld-Indisch« enthält es 25 aktuelle Stammpartien. Die meisten wurden in der zweiten Hälfte der 80er und Anfang der 90er Jahre gespielt. In den Partiekommentaren werden in der Regel viele weitere Beispiele der jüngsten Zeit erwähnt. Da Russisch nicht ganz so verbreitet ist wie Grünfeld-Indisch, ist der Umfang des Buches etwas geringer. Dennoch meine ich, daß die wichtigsten und interessantesten Ereignisse in Theorie und Praxis der Russischen Partie der letzten Jahre widergespiegelt werden.

Die moderne Eröffnungsklassifizierung teilt Russisch in zwei große Abschnitte: C 42 und C 43.
Der erste ist durch den Zug 3. Se5: (und weitere seltene Fortsetzungen) charakterisiert und der zweite durch 3.d4.

In den 80er Jahren war das System C 42 bedeutend populärer, weswegen ihm im Buch auch mehr Aufmerksamkeit und Platz eingeräumt wurden. Die Variante mit dem Schlagen des Bauern – 3.Se5: d6 4.Sf3 Se4: 5.d4 d5 6.Ld3 Sc6 – erfuhr in drei meiner Wettkämpfe gegen Kasparow eine gründliche Prüfung. Im fünften Match spielten wir eine interessante Partie mit dem Zug 3.d4.

Entspricht der Titel des Buches seinem Inhalt? Natürlich. Ein Auswendiglernen vielzügiger Varianten, die hier dargeboten werden, bringt nur wenig Nutzen. Ich bin jedoch sicher, daß die aufgeführten Partien, deren Mehrheit von führenden Großmeistern stammt, dem Leser großen Nutzen bringen. Ihr Studium wird ihn in die Lage versetzen, sich ein modernes Eröffnungswissen anzueignen.

In diesem Sinne denke ich, daß das Buch Ihr Verständnis dafür fördert, wie man die Russische Partie spielt.

Abschließend möchte ich dem Schachmeister und Autor Jewgeni Gik aus Moskau für seine Hilfe bei der Erarbeitung des Manuskripts danken.

A. Karpow

Partie Nr. 1
Karpow – Portisch
Turin 1982

Zwischen Lajos Portisch und mir fand 1982 bei verschiedenen Turnieren in Turin, Tilburg und Luzern ein eigenartiges theoretisches Duell zum Thema »Russisch« statt. Obwohl das Ergebnis von 2:1 für mich nicht sehr deutlich war, habe ich den Eröffnungskampf sozusagen glatt gewonnen...

Die folgende Partie eröffnete unsere Auseinandersetzung. In den Kommentaren werden auch die beiden anderen Zweikämpfe aufgeführt, so daß unser Eröffnungs-»Triptychon« zusammengefaßt ist.

Später ist die von Portisch und mir gespielte Variante unter Spitzenspielern nicht mehr vorgekommen. Daraus kann man schlußfolgern, daß ein Punkt erreicht worden war, der zu entsprechenden Konsequenzen berechtigte. Zudem glaube ich, der theoretische Streit mit Portisch hat die Basis für eine neue Diskussion in der Russischen Partie geschaffen, die in meinen WM-Kämpfen gegen Garri Kasparow ausgetragen wurde.

Nun ist klar, warum ich diese Partie mit ins Buch genommen habe, obwohl sie schon vor zehn Jahren gespielt wurde.

1.	e2–e4	e7–e5
2.	Sg1–f3	Sg8–f6
3.	Sf3×e5	

Wie schon erwähnt, verzweigt sich die Russische Partie hier in zwei grundlegende Systeme: 3.Se5: und 3.d4. Der erste und größere Teil des Buches ist dem Schlagen auf e5 gewidmet.

3.	...	d7–d6
4.	Se5–f3	

Seltener trifft man die Fortsetzungen 4.Sf7: und 4.Sc4 an, die in Partie Nr. 20 behandelt werden.

4.	...	Sf6×e4
5.	d2–d4	

Der schon lange bekannte Zug **5.De2** wird von Weltklassespielern nicht mehr angewendet, außer vielleicht von Boris Spasski.

Im Weltmeisterschaftskampf 1969 hat T. Petrosjan einen genauen Plan der Figurenentwicklung gegen ihn demonstriert.

Übrigens konnte ich bei demselben Turnier in Turin das Spiel gegen Spasski leicht ausgleichen: **5....De7 6.d3 Sf6 7.Lg5 De2:+ 8.Le2: Le7 9.Sc3 c6.**

Das ist die Idee Petrosjans. Der Tempoverlust spielt keine Rolle, da Schwarz von der Symmetrie abweicht.

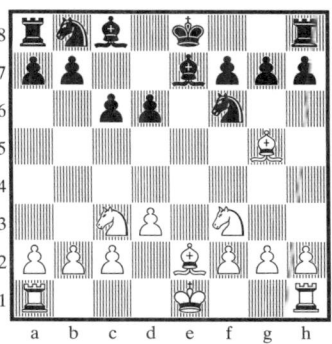

Die Partie gegen Spasski ging so zu Ende: 10.0-0 Sa6 11.Tfe1 Sc7 12.Lf1 Se6 13.Le3 0-0 14.d4 Te8 15.d5 Sd5: 16.Sd5: cd5: 17.Lb5 Td8 18.Tad1 Lf6 19.c3 Sc7 20.Le2 Te8 21.Sd4 Ld7 22.Lf3 Ld4: 23.Ld4: Lc6 24.Le3 Remis.

Einige Monate später zog Spasski in einer Partie gegen Jussupow (Toulouse 1982) 12.d4 statt 12.Lf1. Es folgte 12. ... d5 13.Ld3 Se6 14.Le3 0-0 15.Tad1 Ld6 16.Se5 Se8! 17.Se2 f6 18.Sf3 S8c7 19.b3 Ld7 (genauer ist sofort 19.-b5! 20.c4 bc4: 21.bc4: La6) 20.c4 Tfe8 21.c5 Lf8 22.Sc3 b5 23.Se2 a5 24.a3 g6 25.h3 Sd8 26.g4 Sf7 27.Kg2 Se6 28.Sf4 Sf4: 29.Lf4: Te1: 30.Te1: a4 31.b4 Te8 32.Te8: Le8: 33.Sg1 Sd8 34.Se2 g5! 35.Lb8 Lg6 36.Lg6: hg6: 37.Kf3 Remis.

In einem anderen Turnier (Hamburg 1982) wählte Spasski gegen mich den neuen Zug **9.c4,** der Weiß aber nichts einbrachte.

9....h6 10.Lf4 Sc6 Möglich ist ebenso 10....0-0 11.Sc3 Te8 12.0-0 Lf8 13.Tfe1 Sa6 14.a3 Ld7 15.b4 c6 mit gleicher Stellung. Hier kam ich als Weißer nicht weiter (Karpow - Smyslow, Tilburg 1982).

11.Sc3 Lf5 12.0-0-0 0-0-0 13.The1 g5 14.Le3 Sg4 15.Sd5 Se3: 16.Se7:+ Se7: 17.fe3: Tde8 mit völligem Ausgleich.

Man kann feststellen, daß Spasski den Zug 5.De2 weiterhin anwendet, jedoch ohne besonderen Erfolg. Hier ein Beispiel aus jüngerer Zeit.

Spasski – Salow (Barcelona 1989): 5....De7 6.d3 Sf6 7.Lg5 De2:+ 8.Le2: Le7 9.Sc3 c6 10.0-0-0 (Die lange Rochade ist kaum besser als die kurze) 10....Sa6 11.Se4 Se4: 12.de4: Sc5 13.Le7: Ke7: 14.The1 Te8 15.Sd4 Kf8 Remis.

5.	...	d6–d5
6.	Lf1–d3	Sb8–c6
7.	0–0	Lf8–e7
8.	Tf1–e1	Lc8–f5

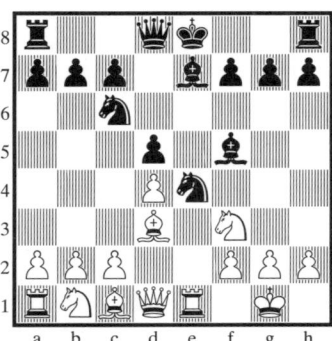

In sechs WM-Partien gegen Kasparow zog Schwarz seinen weißfeldrigen Läufer nach g4 oder behielt ihn zunächst auf seinem Ausgangsfeld. Dagegen beschäftigte sich die Diskussion mit Por-

tisch ausschließlich mit der Läuferentwicklung nach f5 (siehe Diagramm).

Dieser Läuferausfall wurde 1980 von Robert Hübner in seinem Kandidaten-Match gegen A. Adorjan in die Praxis eingeführt. Ich kannte den Zug von meiner allerersten Partie gegen Kasparow her. Sie fand drei Jahre vor unserem ersten WM-Duell statt, und zwar 1981 in Moskau beim Match-Turnier von Auswahlmannschaften dreier Generationen. Damals führte ich die schwarzen Steine, und die Ereignisse entwickelten sich wie folgt: 9.Sbd2 Sd2: 10.Dd2: Ld3: 11.Dd3: 0-0 12.c3 Dd7 (Hübner zog hier 12....Dd6, und nach 13.Df5 Tad8 14.Lf4 wurde Frieden geschlossen) 13.Lf4 a6 14.Te3 Tae8 15.Tae1 Ld8 16.b3 Te3: 17.Te3: f6 18.Te2 Tf7 19.Sd2 Le7 20.Sf1 Lf8 21.Df3 Te7 und Weiß besitzt minimalen Vorteil.

Der Zug 8....Lf5 kam in der 4. Partie des WM-Matchs 1981 in Meran vor, wo Kortschnoi nach 9.Lb5 gegen mich die wichtige Verstärkung 9....Lf6! anbrachte.

Es sei daran erinnert, daß Schwarz in der Partie Timman – Portisch (Moskau 1981) nach 9....0-0 10.Lc6: bc6: 11.Se5 Lh4 12.Le3 Dd6? (besser ist 12....Te8) 13.Dh5! in eine schwierige Lage geriet. Die Idee des Läufermanövers nach f6 besteht darin, Weiß zu hindern, seinen starken Springer auf e5 zu plazieren. Nach 10.Lc6:+ bc6: 11.Se5 Le5: 12.de5: 0-0 können sich die schwarzen Figuren frei entwickeln. Der Anziehende müßte sich dagegen um die nach vorn rückenden c- und d-Bauern kümmern. In Meran war das Spiel übrigens nach 10.Sbd2 0-0 11.Sf1 ausgeglichen. Meinem Gegner unterliefen jedoch bald einige Ungenauigkeiten, worauf er schließlich noch verlor. Die Eröffnung hatte aber keine Schuld daran. Offenbar wirkte das Ergebnis psychologisch auf Kortschnoi, so daß er in diesem Match die Russische Partie nicht mehr spielte. Schade! Gerade für ihn hatte ich folgenden Zug aufgehoben.

9. c2–c4

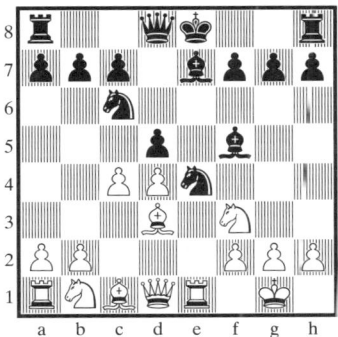

Diese Eröffnungsüberraschung hatte ich mit meinem Trainer Igor Saizew speziell für das WM-Duell in Meran vorbereitet. Die Neuerung traf nun Portisch als »Querschläger«.

9. ... Sc6–b4
10. Ld3–f1

Selbstverständlich nicht 10.cd5: Sf2:!. Wegen dieses Einschlags wurde der Zug 9.c4 in Zweifel gezogen. Weiß muß sich jedoch nicht beeilen, die Situation zu klären.

10. ... 0–0

In Tilburg erprobte Portisch später eine andere Fortsetzung: 10...dc4:, aber nach 11.Sc3! Sf6 12.Lc4: 0-0 13.a3 Sc6 14.d5 erhielt ich klares Übergewicht. Weiter geschah 14....Sa5 15.La2 c5 16.Lg5 Te8 17.Da4 Ld7 18.Dc2 h6 19.Lh4 Sd5: 20.Sd5: Lh4: 21.Te8:+ Le8:. Hier konnte ich meinen Vorteil mittels 22.Te1 oder 22.Td1 vergrößern. Ich war jedoch im Banne einer effektvollen Variante, die leider einen Mangel hatte. Nach der genauen Antwort von Schwarz war mir das Remis wohl noch sicher, ich opferte aber fast mechanisch eine Figur und verlor rasch. Hier ist das traurige Finale: 22.De4? Lf6 23.Lb1 Kf8 24.Dh7 Dd5: 25.Le4 Dd6 26.Dh8+ Ke7

27.Lc2 Sc6 28.La4 Sd4 29.Sd4: Ld4: 30.Te1+ Kf6 31.Le8: Df4 32.Tf1 De5 Weiß gab auf.

Als wir bei der Schacholympiade in Luzern wieder aufeinander trafen und Portisch erneut Russisch spielte, war ich – ehrlich gesagt – von seiner Hartnäckigkeit überrascht. Offensichtlich hatte der Ausgang unseres letzten Treffens den ungarischen Großmeister ermutigt...

11. a2–a3 Sb4–c6

Jetzt ergibt sich etwa die gleiche Struktur wie in meiner Partie gegen Kavalek eine Runde zuvor, als ich mit Schwarz spielte: 9.a3 0-0 10.c4 Lf6 11.Sc3 Sc3: 12.bc3: Ld3: 13.Dd3: dc4: 14.Dc4: Sa5 15.Da4 b6 mit Ausgleich. Hier dagegen kann Weiß Zeit gewinnen.

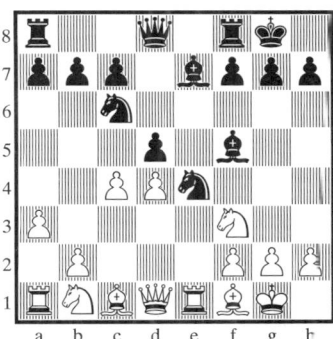

12. Sb1–c3

Obwohl mir dieser Zug in Turin einen schönen Sieg einbrachte, wollte ich mich auf der Olympiade in Luzern nicht auf die häusliche Vorbereitung meines Gegners einlassen. Ich wich als erster ab und schlug auf d5. Da ich versprochen habe, das ganze »Triptychon« zu zeigen, berichte ich erst einmal darüber, wie dieses interessante Treffen zu Ende ging.

Karpow – Portisch (Luzern 1982)
12.cd5: Dd5: 13.Sc3 Sc3: 14.bc3: Lg6

Die schwarzen Figuren sind nicht sicher aufgestellt, z.B. 14....Te8 15.Se5 (droht

16.Lc4) 15....Se5: 16.Te5: Dd7 17.Df3 mit Doppelangriff; 14....Ld6? 15.c4 Da5 16.Ld2 mit weißem Gewinn; 14....Tad8 15.Lf4 und Weiß hat deutliches Übergewicht.

Man kann Schwarz nur schwer für seinen letzten Zug kritisieren. Er wendete unmittelbare Gefahren ab, löste jedoch das Hauptproblem nicht.

15.c4 Dd7

Auf 15....Dd6 16.d5 Lf6 käme der taktische Schlag 17.c5!.

16.d5 Lf6 17.Ta2

Das verführerische Qualitätsopfer brächte keinen besonderen Nutzen: 17.Lg5 La1: 18.dc6: Dd1: 19.Td1: Lf6 20.cb7: Tab8 und der Bauer auf b7 hat keinen Schutz.

17....Sa5 18.Lf4

Weiß hätte auch die ungünstige Lage des feindlichen Springers am Brettrand ausnutzen können: 18.Ld2 b6 19.La5: ba5: 20.Se5 Dd6 21.Sc6 oder 18.Se5 Le5: 19.Te5: b6 20.Lf4 Tfe8 21.Tae2. Das Auftauchen des Läufers auf f4 ist aber noch energischer.

18....Tfe8 19.Tae2! Tec8?

Schwächt damit die ganze Stellung. Schwarz gefiel 19....Te2: nicht wegen 20.De2: mit der Drohung 21.Se5 Le5: 22.De5:. Das wäre für ihn dennoch nicht so gefährlich gewesen.

20.Se5 Df5?

Widerstand war nur noch mit 20....Le5: möglich.

21.Ld2!

Droht unabwendbar g2-g4. Falls 21.Dd2 mit derselben Idee, so würde der Kampf verlängert: 21....Lh5 22.f3 g5 23.Lg3 b6.

21....Sc4:

Nach 21...b6 22.g4 Dc2 23.Dc2: Lc2: 24.La5: Le5: 25.Tc2: hätte der Nachziehende eine Figur weniger. Zum Sieg hätte nun 22.Sc4: Dd5: 23.Lf4 geführt, stärker aber ist...

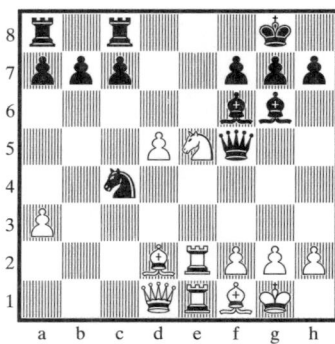

22.g4! Se5: Auch 22....Dc2 23.Dc2: Lc2: 24.Sc4: oder 22....De5: 23.Te5: Se5: 24.g5 würde nicht helfen.

23.gf5: Sf3+ 24.Kg2 Lh5 25.Da4 Sh4+ 26.Kg3 Le2: 27.Le2: Schwarz gab auf.

Kehren wir nun zur Partie mit Portisch in Turin zurück.

12.   ...   Se4×c3
13.   b2×c3   d5×c4

Ohne diesen Tausch kommt der Nachziehende nur schwer zurecht.

14.   Lf1×c4   Le7-d6

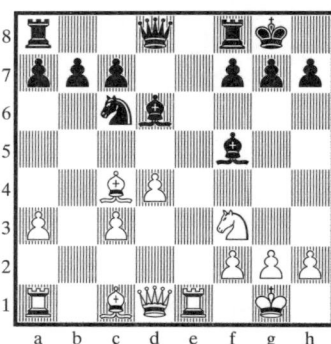

Die vorläufige Schlußfolgerung ist, daß Weiß seine Streitkräfte zweckmäßiger aufgestellt hat und einen spürbaren Druck im Zentrum ausübt.

In der Begegnung Ehlvest – Chalifman (Minsk 1987) zog Schwarz 14....Sa5, konnte aber damit die Eröffnungsprobleme auch nicht lösen. Weiter geschah:

15.La2 c5 16.Se5 Lf6 17.g4 Ld7 18.Lf4 Le5: 19.Te5: cd4: 20.cd4: Sc6 21.Td5 Dc8 22.h3 Le6 23.Tc5 La2: 24.Ta2: Dd7 25.d5 Se7 26.Td2. Der Vorteil des Läuferpaares wurde zwar liquidiert, aber gegen den d-Bauern ist Schwarz machtlos.

15.	**Lc1–g5**	**Dd8–d7**
16.	**Sf3–h4!**	

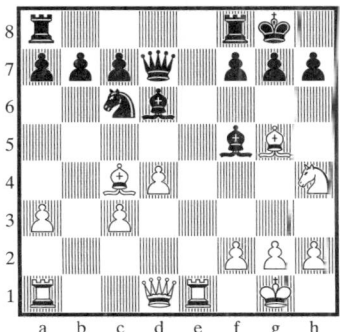

Durch dieses Springermanöver übernimmt Weiß eindeutig die Initiative.

16.	**...**	**Sc6–a5**

Als Erwiderung auf 16....Lg4 hat man die Wahl zwischen dem einfachen 17.f3 Lh5 18.g4 und 17.Db1 Sa5 18.Ld3 mit Eroberung des Punktes f5.

17.	**Lc4–a2**	**b7–b5**

Portisch sucht Stützpunkte für seine schlecht stehenden Figuren. Dagegen muß Weiß energisch handeln.

18.	**a3–a4**	**a7–a6**

Falls 18....ba4:, so hatte ich die Auswahl zwischen 19.Ld5 Tae8 20.Te8: Te8: 21.Sf5: Df5: 22.Da4: Tb8 23.Te1 oder 19.c4 c5 20.dc5: (bzw. 20.Sf5: Df5: 21.h4 Sb3 22. Lb1 Dd7 23.dc5: Sc5: 24.Ta2 mit hervorragenden Angriffschancen) 20....Lc5: 21.Te5 Dd1:+ 22.Td1: Lg4 23.Tc5: Ld1: 24.Ta5:.

19.	**a4×b5**	**a6×b5**
20.	**Sh4×f5**	**Dd7×f5**
21.	**Lg5–e7**	**Tf8–b8**

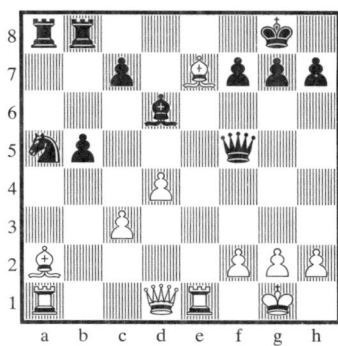

Nach 21....Le7: 22.Te7: c6 23.De2 Sc4 24.Te1 Dd5 25.Te5 (25.Lb3 ist auch stark) 25....Ta2: 26.Da2: Se5: 27.Dd5: cd5: 28.Te5: Td8 29.Te7 Tc8 30.Tb7 gewinnt Weiß einen Bauern.

Bei 21....Tfe8 22.Ld6: cd6: 23.Lb1 Dh5 macht sich die Schwäche der achten Reihe bemerkbar: 24.Te8:+ Te8: 25.g4 Dh3 26.Ta5: Dc3: 27.Ta2!.

Ebenfalls nachteilig wäre 21....Tfc8 wegen 22.Lb1 Dd7 23.Df3 g6 24.La2!.

Der Turmzug nach b8 erfährt jedoch eine unerwartete und starke Reaktion.

22.	**g2–g4!!**	

Der Sinn dieses ausgefallenen Zuges wird in folgenden Überlegungen ersichtlich: 22....Df4 23.Ld6: Dd6: 24.Df3 Dd7 (24....Tf8 25.Lf7:+ Kh8 26.Dg3!) 25.Te2. Gegen die Drohungen 26.Tae1 und 27.Te7 gibt es keine Rettung, z.B. 25....Sc6 26.Tae1 Te8 27.Df7:+ nebst Matt oder 25....Ta6 26.Tae1 Tf6 27.Dg3 mit unabwendbaren Drohungen.

22.	**...**	**Df5–d7**
23.	**La2×f7+!**	

Der Läufer darf nicht geschlagen werden: 23....Kf7: 24.Ta5:! Ta5: 25.Db3+ Kg6 26.Te6+ und Matt.

23.	**...**	**Kg8–h8**
24.	**Le7×d6**	**Dd7×f7**
25.	**Te1–e7**	**Df7–f8**
26.	**Ld6–c5**	

Weiß verfügt über materiellen und positionellen Vorteil. Der Ausgang des Kampfes ist quasi entschieden.

26.	...	Df8–f4
27.	Dd1–e2	h7–h6
28.	Te7–e4	Df4–f7
29.	Te4–e5	Sa5–c4
30.	Ta1×a8	Tb8×a8
31.	Te5–f5	Df7–g6
32.	De2–e4	Kh8–h7
33.	h2–h3	Ta8–a1+
34.	Kg1–g2	Ta1–c1
35.	Lc5–b4	Sc4–d6
36.	Lb4×d6	c7×d6
37.	De4–d3	d6–d5
38.	f2–f3!	

Schwarz gab auf.

Partie Nr. 2
Karpow – Kasparow
41.WM-Partie
Moskau 1984/85

In meinen Weltmeisterschaftskämpfen gegen Kasparow spielten wir insgesamt siebenmal Russisch. Jede dieser Partien leistete ihren Beitrag zur Entwicklung der Theorie. In den sechs Partien innerhalb der ersten drei Matches kam stets 3.Se5: vor. Drei dieser Begegnungen erscheinen im Haupttext, die anderen drei werden in den Partiekommentaren behandelt. In Sevilla tauchte die Russische Partie nicht auf. In unserem fünften WM-Duell wurde der Zug 3.d4 erprobt. Diese Begegnung wird am Ende des Buches genauer untersucht.

1.	e2–e4	e7–e5
2.	Sg1–f3	Sg8–f6
3.	Sf3×e5	d7–d6
4.	Se5–f3	Sf6×e4
5.	d2–d4	d6–d5
6.	Lf1–d3	Lf8–e7
7.	0–0	Sb8–c6

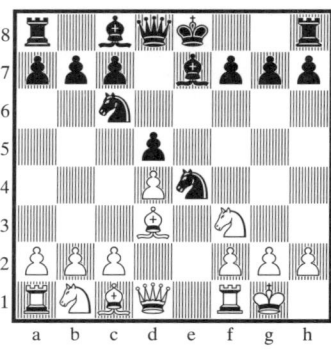

Ein wichtiger Augenblick. Das Verteidigungssystem mit 6....Sc6 und 7....Le7 (oder umgekehrt, wie in dieser Partie) wurde schon im vorigen Jahrhundert vom russischen Schachmeister K. Jänisch ausgearbeitet.

Aggressiver erscheint 6....Sc6 7.0-0 Lg4 mit unmittelbarem Druck auf das Zentrum. Aber auch diese Idee ist nicht neu. Schon im »Handbuch« von 1922, das K. Schlechter zum Druck vorbereitete, gibt es mit Zugumstellung folgendes Abspiel: 6....Lg4 7.0-0 Sc6 8.Te1 f5 9.c4! Ld6 10.cd5: Lf3: 11.Df3: Sd4: 12.De3 Df6 13.Le4: fe4: 14.De4:+ Kf7 15.Lg5! Dg5: 16.Dd4: mit Vorteil für Weiß (Capablanca – Marshall, Wettkampf 1909).

8. c2–c4

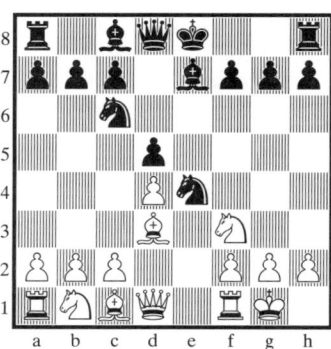

Weiß greift sofort das Zentrum an. In unseren beiden vorausgehenden Treffen mit dieser Eröffnung erfolgte der

Doppelschritt des c-Bauern erst nach 8.Te1, was Weiß nichts einbrachte. Hier sind die Partien.

Kasparow – Karpow (28. WM-Partie 1984):
6....Sc6 7.0-0 Lg4 8.Te1 Le7 9.c4 Sf6 10.cd5: Lf3: Von Smyslow beim Kandidaten-Match gegen Hübner (Velden 1983) in die Praxis eingeführt. Früher bevorzugte man 10....Sd5:.
11.Df3: Dd5: Ausführlicher gehen wir auf diese Stellung in der Partie Nr. 10 ein.
12.Dh3 Sd4: 13.Sc3 Dd7 14.Dd7:+ Kd7: 15.Le3 Se6 16.Tad1 Ld6 17.Lf5 Ke7 18.Sb5 Thd8 19.Sd6: cd6: 20.h3 b6 21.g4 h6 22.Ld4 Tac8 23.Lc3 g6 24.Lc2 h5 25.f3 Remis.

Kasparow – Karpow (30. WM-Partie 1984):
6....Le7 7.0-0 Sc6 8.Te1 Lg4 Nach 8....Lf5 9.c4 ginge das Spiel in die weiter vorn untersuchte Begegnung Karpow – Portisch über.
9.c4
In der 6.Partie des Kandidatenfinales gegen Kortschnoi (Moskau 1974) spielte ich zurückhaltender **9.c3 f5 10.Db3.**

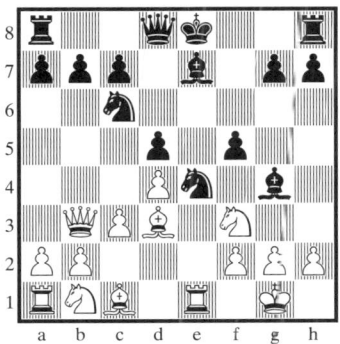

Nach **10....0-0** 11.Sbd2 Kh8 12.h3 Lh5 13.Db7: verlor Schwarz schnell, ohne daß die Eröffnung daran schuld hatte. Die Diagrammstellung taucht in jüngster Zeit immer häufiger in Großmeisterturnieren auf, wobei sich die Partie in der Regel zugunsten von Weiß gestaltet.

Ein komischer Fall ereignete sich vor einiger Zeit mit dem ukrainischen Schachstern W. Iwantschuk. In der Begegnung Iwantschuk – Anand (Reggio Emilia 1988/89) antwortete Schwarz statt mit der kurzen Rochade **10....Dd6.** Die Ereignisse entwickelten sich recht ungewöhnlich: 11.Sfd2! 0-0-0 12.f3 Lh4 13.Tf1 Lh3 (die Fortsetzungen 13....Lf2+ 14.Tf2: Sf2: 15.Kf2: Dh2: 16.Sf1 und 13....Lh5 14.fe4: fe4: 15.Le4: d3:4: 16.Se4: Dg6 17.Sc5 wären für Schwarz unerfreulich) 14.Dc2 (auf 14.gh3: Dg6+ 15.Kh1 entscheidet 15....Sf2+ 16.Tf2: Lf2: 17.Dd1 The8) 14....Dg6 15.Sb3 Thf8 16.Sa3 Tde8

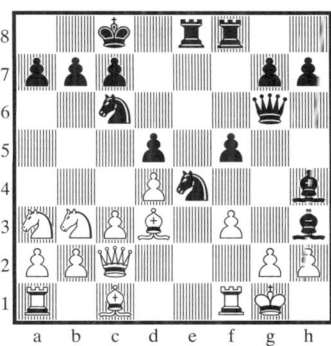

In dem ungewöhnlichen Kampf hat Weiß den Gegner überspielt und könnte hier mit 17.Lf4! Lg5 18.Lg5: Sg5: 19.gh3: Se6+ 20.Kh1 Sf4 21.Tae1 entscheidenden Vorteil erhalten. Er setzt stattdessen plötzlich seinen König in Marsch: 17.Kh1?? Sf2+! 18.Tf2: Lg2:+ und Weiß gab auf (auf 19.Tg2: oder 19.Kg1 folgt 19....Te1+).

Anstelle von 10....Dd6 und 10....0-0 verfügt Schwarz noch über den Zug **10....Dd7.** In der Begegnung Ehlvest - Jusupow (Rotterdam 1989) diktierte jedoch Weiß die Bedingungen: 11.Sfd2

0-0-0 12.f3 Sd2: 13.Sd2: Lh5 14.Da4
The8 15.Sb3 a6 16.Ld2 Lg6 17.Lf4 Sb8
18.Dd7:+ Sd7: 19.Kf2 Lf6 20.g3 Tf8
21.a4 Tf7 22.a5 h6 23.Sc5 usw.

Meine 30. WM-Partie 1984 mit Kasparow endete so: **9....Sf6 10.Sc3** (statt
10.cd5: wie in der 28. Partie) **10....dc4:
11.Lc4: 0-0 12.Le3 Lf3: 13.Df3: Sd4:
14.Ld4: Dd4: 15.Te7: Dc4: 16.Db7: c6
17.Db3 Db3: 18.ab3: Tab8 19.Ta3 Tfe8
20.Te8:+ Te8: Remis.**
Kehren wir aber zur 41. Partie der »Ma-
rathon-WM« zurück.

8.   ...   Sc6–b4

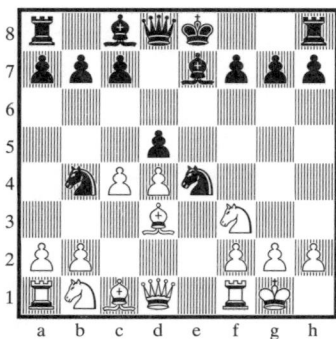

In der 48. und letzten Partie des ersten
Matchs war Kasparow offensichtlich
bereit, mein »Vorsagen« (siehe den
nächsten Zug des weißen Läufers) zu
nutzen. Dort spielte er mit den weißen
Steinen. Da sich das Springermanöver
von c6 nach b4 in der vorliegenden Partie nicht bewährte, zog ich einfach mit
dem anderen Springer.
**Kasparow – Karpow (48.WM-Partie
1984/85):**
8....Sf6 9.Sc3 0-0 10.h3 Damit wird das
mit Lg4 verbundene Gegenspiel unter-
bunden. Obwohl der Zug recht überzeugend ist, kann man auch ohne ihn aus-
kommen; Kudrin – Wolff (USA - Meisterschaft 1985): 10.cd5: Sd5: 11.Te1 Le6
12.a3 Lf6 13.Le4 Sde7? (der falsche
Springer ging nach e7 - 13....Sce7 hätte

das Spiel wohl ausgeglichen) 14.Lg5!
Lg5: 15.Sg5: Lf5 (hier war 15....h6 ange-
bracht) 16.d5 Le4: 17.Te4: Sb8 18.Dh5
h6 19.Tae1 Sd5: 20.Sf7: Sf6 21.Sh6:+
Kh7 22.Dh3 Schwarz gab auf.
10....dc4: Nach 10....Sb4 (auf 10....Le6
ist 11.c5 gut) 11.Le2 c5 12.a3 Sc6
13.dc5: dc4: 14.Le3 hat der Anziehende
einen gewissen Vorteil (Velimirović –
Schüssler, Smederevska Palanka
1979).
11.Lc4: Sa5 12.Ld3 Le6 13.Te1 Sc6
Später wurde die interessante Möglichkeit 13....c5!? entdeckt. Nach 14.Le3
Tc8 15.De2 cd4: 16.Sd4: Lc4 17.Tad1
steht Weiß besser. Mit 14....c4 15.Lc2
Sd5 erreichte Schwarz Ausgleich (Fe-
dorowicz – Kogan, USA 1985). Weiß hat
vermutlich bessere Chancen nach
14.Lg5 h6 15.Lh4. Falls 15....c4, so
16.Lf6: Lf6: 17.Le4 und er besitzt Vorteile im Zentrum.
14.a3 a6 In der Partie Lobron - Handoko
(Jugoslawien 1985) erzielte der Anziehende nach 14....Te8 15.Lb5 Dd6 (Weiß
hat auch bei 15....a6 16.Lc6: bc6:
17.Se5 mehr vom Spiel) 16.Lg5! Ted8
17.Lf6: Lf6: 18.Se4 deutliches Übergewicht, das er zum Sieg führte.
15.Lf4 Dd7 Ein ernster Fehler. Richtig
war 15....Sd5, zum Beispiel 16.Lg3 Lf6
17.Lc2 Sce7 18.Se4 Lf5 19.Sf6:+ Sf6:
20.Lb3 c6 21.Se5 Sfd5 22.Df3 Le6
23.Tad1 Sf5 24.Ld5: Remis (Gufeld -
Schüssler, Havanna 1985).
**16.Se5! Se5: 17.de5: Sd5 18.Sd5: Ld5:
19.Dc2 g6** Auf 19....h6 könnte 20.Tac1
c6 21.Te3 mit starkem Angriff folgen.
20.Tad1 c6 Das bringt Schwarz forciert
in eine schwierige Lage. Er mußte sich
mit dem schlechteren Endspiel nach
20....Dc6 21.Dc6: Lc6: 22.Lc4 abfinden.
21.Lh6 Tfd8 22.e6! fe6: Auch nicht besser wäre 22....Le6: 23.Lg6:! oder
22....De8 23.Dc3 f6 24.f4!.
**23.Lg6: Lf8 24.Lf8: Tf8: 25.Le4 Tf7
26.Te3 Tg7 27.Tdd3 Tf8 28.Tg3 Kh8
29.Dc3 Tff7 30.Tde3**

Die schwarze Stellung ist strategisch verloren. Obgleich die Partie noch fast 40 Züge andauerte, hielt Kasparow den Vorteil bis ins tiefe Endspiel hinein fest.

9. Ld3–e2!

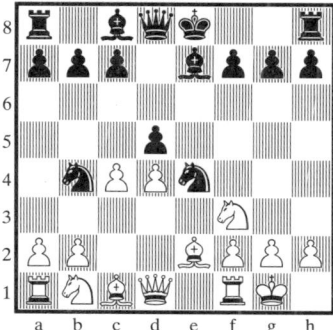

Erst dieser Zug, der den weißfeldrgen Läufer vor dem Abtausch schützen soll, ist eine wirkliche Neuerung. Bis dahin zog man 9.cd5: (siehe Partie Nr.9).

9. ... d5×c4

Die interessante Möglichkeit 9....Le6 10.Sc3 0-0 (oder die Zugumstellung 9....0-0 10.Sc3 Le6) wird anhand anderer Partiebeispiele erläutert.

10. Le2×c4 0–0
11. Sb1–c3

Man trifft auch 11.Se5 Sc6 12.Sc6: bc6: 13.Sc3 Sd6 14.Lb3 Sf5 15.d5 c5 16.Te1 Sd4 17.Le3 mit weißem Vorteil an (Sindik - Janson, Italien 1983). Die richtige Reaktion von Schwarz besteht im sofortigen 11....Sd6!. Nach 12.Lb3 Sf5 13.a3 Sd5 14.Sc3 Le6 15.Te1 c6 16.Lc2 Sc7 steht das Spiel gleich (Sindik – Siz, Baden-Baden 1985).

11. ... Se4–d6
12. Lc4–b3 Le7–f6

Nach 12....Lg4 13.h3 Lh5 14.g4! Lg6 15.Se5 nebst f2-f4 ist Weiß klar im Vorteil.
Aufmerksamkeit verdient 12....Kh8!. In der Begegnung Mnazakanjan – Diaz, Varna 1985, hatte Schwarz nach 13.Se5

f6 14.Sf3 Lg4 15.h3 Lh5 16.Le6 Lf3: 17.gf3: De8 18.Lf4 f5 19.Kh2 Dg6 20.Lb3 Lg5 Initiative am Königsflügel.

13. h2–h3

In der späteren Partie Sokolow - Agsamow (52. UdSSR-Meisterschaft 1985) spielte Weiß stärker: 13.Se5! und nach 13....Sc6 (genauer war 13....c5 14.Lf4 c4 15.Sc4: Sc4: 16.Lc4: Ld4: 17.Sb5; schlecht wäre jedoch 13....Le5: 14.de5: Sf5 15.Lf7:+!) 14.Lf4 Sf5 15.Sc6: bc6: 16.d5 c5 17.Sa4 La6 18.Te1 Le7 (besser war 18....c4 19.Lc2 Sd6) 19.Tc1 Lc6 20.Lg3 besaß er großes Übergewicht.

13. ... Lc8–f5
14. Lc1–e3 Tf8–e8
15. a2–a3 Sb4–d3

Ein nur scheinbar aktiver Zug. Zuverlässiger war 15....Sc6.

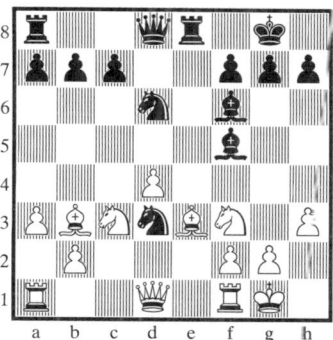

16. Ta1–b1 c7–c5
17. d4×c5 Sd6–e4

Nicht spielbar ist 17....Sb2: 18.Tb2: Lc3: wegen 19.cd6:! Lb2: 20.Lf7:+! K-7: 21.Dd5+ mit durchschlagendem Angriff von Weiß.

18. Lb3–c2! Sd3×b2

Auf 18....Sg3 wäre 19.fg3: Te3: 20.Dd2 Ld4 21.Sd4: Dd4: 22.Kh2 Lg6 23.Sd5! sehr stark.

19. Dd1×d8 Ta8×d8
20. Tb1×b2 Lf6×c3
21. Tb2×b7 Se4×c5
22. Le3×c5 Lf5×c2
23. Tb7×a7

Im Ergebnis des Generalabtauschs hat Weiß einen Bauern gewonnen, besser jedoch wäre sicher eine andere Zugfolge gewesen: 23.Tc1 Td1+ (23....Le4 24.Ta7:) 24.Td1: Ld1: 25.Ta7:.

23.	...	Lc2–d1
24.	Ta7–e7	Te8×e7
25.	Lc5×e7	Td8–d3
26.	Sf3–g5	Lc3–b2
27.	Le7–b4	

Es drohte 27....Lc2 mit Gewinn des Bauern a3. Nun aber kann auf 27...Lc2 28.Te1! folgen.

27.	...	h7–h6
28.	Sg5–e4	f7–f5
29.	Se4–c5	Td3–d5
30.	Tf1–e1	f5–f4?

Der Verlustzug in Zeitnot. Notwendig war 30....Kf7 oder 30....Lc2.

31.	a3–a4!	Td5–d4

Nicht spielbar ist 31....Le5 32.a5 Ld6 33.a6 Lc5: 34.Lc5: Tc5: 35.Te8+ Kf7 36.a7.

32.	a4–a5	Td4×b4

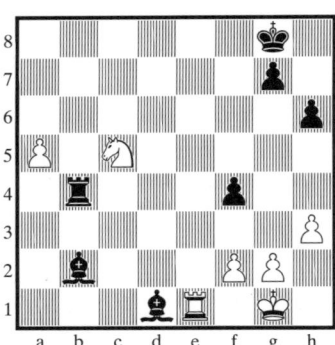

Diese Stellung könnte man als historisch bezeichnen.

Hätte Weiß seinen a-Bauern hier vorgerückt, wäre ihm der Sieg sicher gewesen: 33.a6! Lb3 (33....La4 34.a7 Lc6 35.Te6 Ld5 36.Td6 bzw. 33....Tb8 34.Td1: La3 35.Sb7!) 34.Sb3: Ta4 (34....Tb3: 35.Te8+ und 36.a7) 35.Sc5 Ta5 36.Te4! Kf7 37.Ta4! Ta4: 38.Sa4: Ld4 39.Sc3! und Schwarz verliert den Läufer.

Ich erinnere daran, daß ich zu diesem Zeitpunkt schon fünf Siege errungen hatte. Mit dem Gewinn dieser Partie hätte ich das Match mit 6:1 entschieden. Der WM-Kampf wäre vorbei gewesen, und die Schachgeschichte hätte einen ganz anderen Verlauf genommen...

33.	Te1×d1?	Lb2–d4
34.	Sc5–e6	Ld4–a7
35.	Td1–d7	

35.Sg7: Tb2 36.Sf5 Lf2:+ 37.Kf1 hätte wohl auch nicht gewonnen.

35.	...	Tb4–b1+
36.	Kg1–h2	La7×f2
37.	Se6×f4	Tb1–a1
38.	Sf4–e6	Ta1×a5

Schwarz macht sich das Leben noch schwer. Zum Unentschieden führte nach Angaben von J. Dorfman 38....g5! 39.Tg7+ (39.Td5 Le1) 39....Kh8 40.Tg6 Kh7 41.Sf8+ Kh8 42.a6 (42.Th6:+ Kg7 43.Tg6+ Kf8: 44.Tf6+ Kg7 45.Tf2: Ta5:) 42....Lg1+! 43.Kg3 Ta3+ 44.Kg4 Ta4+!.

39.	Td7×g7+	Kg8–h8
40.	Tg7–f7	Lf2–e3
41.	Kh2–g3	

Hier wurde die Partie vertagt. In der häuslichen Analyse überzeugte ich mich davon, daß der Mehrbauer nicht zu verwerten ist. Noch 30 Züge versuchte ich, dies zu schaffen, aber leider ohne Erfolg.

41.	...	Le3–d2
42.	Tf7–d7	Ld2–c3
43.	Kg3–f3	Kh8–g8
44.	Se6–f4	Ta5–f5
45.	Kf3–e4	Tf5–f7!
46.	Td7–d8+	

Mehr Gewinnchancen versprach das Leichtfiguren-Endspiel nach 46.Tf7: Kf7: 47.Kf5. Aber die Trainer meines Gegners, J. Dorfman und J. Wladimirow, veröffentlichten bald darauf eine interessante Analyse, die eine zuverlässige Verteidigungsmethode für Schwarz zeigt.

46.	...	Kg8–h7
47.	Td8–d3	Tf7–e7+
48.	Ke4–f3	Lc3–b2
49.	Td3–b3	Lb2–c1
50.	Sf4–d5	Te7–e5
51.	Sd5–f6+	Kh7–g6
52.	Sf6–e4	Te5–f5+
53.	Kf3–e2	Tf5–e5
54.	Tb3–b4	Te5–e7
55.	Tb4–c4	Te7–e8
56.	g2–g3	Lc1–b2
57.	Ke2–f3	Te8–e6
58.	Tc4–c5	Lb2–d4
59.	Tc5–d5	Ld4–e5
60.	Td5–b5	Le5–c7
61.	Tb5–c5	Lc7–b6
62.	Tc5–c8	Lb6–d4
63.	Tc8–g8+	Ld4–g7
64.	h3–h4	Te6–a6
65.	Kf3–f4	

Nach 65.h5+ Kh5: 66.Tg7: Ta3+ 67.Kf4 Tf3+ verfügt Schwarz über einen »tollwütigen« Turm, der sich ständig als Opfer anbietet.

65.	...	Ta6–a5
66.	Tg8–e8	Ta5–f5+
67.	Kf4–e3	Tf5–e5
68.	Te8–g8	Te5–e7
69.	Ke3–f4	Te7–f7+
70.	Kf4–g4	h6–h5+
71.	Kg4–h3	Remis.

Partie Nr.3
Chalifman – Archipow
Moskau 1985

1.	e2–e4	e7–e5
2.	Sg1–f3	Sg8–f6
3.	Sf3×e5	d7–d6
4.	Se5–f3	Sf6×e4
5.	d2–d4	d6–d5
6.	Lf1–d3	Lf8–e7
7.	0–0	Sb8–c6
8.	c2–c4	

Man könnte annehmen, daß Schwarz nach der 41. WM-Partie für längere Zeit die Lust vergangen ist, hier mit dem Springer nach b4 zu gehen. Bald darauf wurde aber anstelle von Kasparows Zug 9....dc4: etwas anderes erdacht, und die ganze Variante entwickelte sich rasch weiter.

8.	...	Sc6–b4
9.	Ld3–e2	Lc8–e6

Das ist die Neuerung. Die andere Zugfolge wäre 9....0-0 10.Sc3 Le6. Von wem stammt die Idee?
Beim internationalen Turnier von Moskau 1985 wandte der Internationale Meister Archipow diesen Zug zweimal an, und in den Anmerkungen zu seiner Partie mit Zeschkowski im Schach-Informator steht das Zeichen N (=Neuerung). Aber schon einen Monat vorher spielte Christiansen (USA) in Linares so gegen Ljubojevic (Jugoslawien). Man kann also schlußfolgern, daß die Eröffnungsneuerung zwei Spielern unabhängig voneinander gehört.

10.	Sb1–c3	0–0
11.	Lc1–e3	

Auf den Zug 11.cd5: kommen wir später zu sprechen.

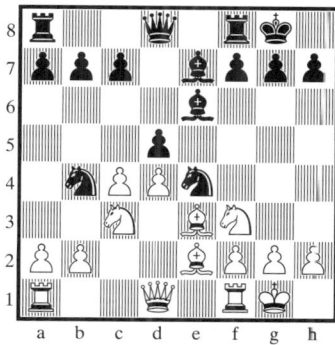

Der Nachziehende verfügt hier über mehrere Fortsetzungen: 11....Lf5, 11....Sc3:, 11....f5, 11....Lf6. Alle werden wir untersuchen. In den nächsten drei Partien beschäftigen wir uns zunächst mit 11....Lf5, die Partien Nr.6 und 7 sind der Fortsetzung 11....f5 und die Partie Nr.8 dem Zug 11....Lf6 gewidmet.

In der **2.Partie des Kandidaten-Matchs Ehlvest – Jussupow (Saint John 1988)** schlug Schwarz sofort auf c3. Nach **11....Sc3: 12.bc3: Sc6 13.cd5: Ld5: 14.Dc2 Lf6** (Aufmerksamkeit verdient 14....f5) **15.Sd2 Te8 16.Tae1 Le6 17.Ld3 g6 18.Lf4 Lg7 19.Se4 Ld5 20.Sc5 Te1: 21.Te1: Tb8** erhielt Weiß deutliches positionelles Übergewicht, das nach Ehlvests Meinung mit 22.Lg3! (23.h4 vorbereitend) ausgebaut werden konnte.

Wir zeigen noch einige Züge dieser spannenden Begegnung, in der Ehlvest sich für **22.Dd2** entschied. Weiter geschah **22....Sa5 23.De2 Tc8 24.Le5 Le5: 25.de5:.** Die beiden letzten Züge hat Jussupow in seinen Partieanmerkungen kritisiert. Genauer war 24.h3. Nun hätte 25.De5: gleiches Spiel bewahrt. Das Schlagen auf e5 mit dem Bauern gibt Schwarz gute Chancen.

25....De7! 26.Dg4 Td8 Jussupow bemerkte, daß 26....Tf8! zum Vorteil geführt hätte, zum Beispiel 27.Dd4 (27.Sd7? Le6 28.Da4 Dd7: usw.) 27....Td8.

27.Se4 De5: 28.Dh4 g5 29.Dh5 Sc6 Zuverlässiger war der Tausch auf e4.

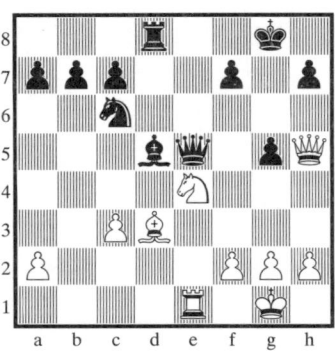

30.f4! Ein schöner Versuch, die etwas geschwächte Stellung des gegnerischen Königs auszunutzen.

30....Dg7 Der einzige Zug. Verloren hätte 30....gf4: 31.De5: Se5: 32.Sf6+ Kg7 33.Sh5+ und 34.Te5:.

31.fg5: Le4: 32.Le4: Se5 33.h4 Sg6 34.Lg6: hg6: 35.Df3 Df8 36.De3 Dd6 37.Tf1 Ausgeglichen hätte 37.De7. Jetzt konnte Schwarz nach 37....b6 (gut ist auch 37....Db6) erneut das bessere Spiel bekommen. Im 60.Zug endete die Begegnung schließlich remis.

| 11. | ... | Le6–f5 |
| 12. | Dd1–b3 | |

Iwanow spielte gegen Archipow (Moskau 1985) 12.a3. Nach 12....Sc3: 13.bc3: Sc2 14.Ta2 Sa3: (14....Se3: 15.fe3: mit geringem Übergewicht für Weiß) 15.Ta3: La3: 16.c5 Lb2 17.Db3 Lc3: 18.Dc3: c6 19.Ta1 Te8 20.Ta3 Dc7 21.Sd2 b5 22.Ta6 gestaltete sich das Spiel zugunsten von Weiß. Schwarz hätte aber durch 16....b5 17.Db3 Lc5: 18.dc5: c6 19.Sd4 Ld7 20.Lf4 a5 21.Ld6 Te8 vollwertige Chancen erhalten.

Von b3 aus zielt die weiße Dame auf das Zentrum und den Bauern b7. Nun wäre die Variante 12....Sc3: 13.bc3: Sc2 schon für Weiß sehr günstig: 14.Tac1 Se3: 15.fe3: Lg5 16.Sg5: Dg5: 17.Tf4 Le4 18.g3.

Der Zug 12.Tc1 wird in Partie Nr.5 behandelt.

| 12. | ... | c7–c6 |

Auf 12....dc4: wird in der folgenden Partie eingegangen.

13. Ta1–c1

Zum Ausgleich führt 13.cd5: cd5: 14.Tac1 a5 15.a3 Sc3: 16.Tc3: a4 17.Dd1 Sc6. Möglich wäre auch 13.c5 Sc3: 14.bc3: Sc2 15.Tac1 Se3: 16.fe3:. Der abwartende Zug mit dem Turm überläßt Schwarz die Initiative.

13. ... d5×c4

Verglichen mit dem sofortigen 12....dc4: ist dieser Tausch noch stärker, da Schwarz das Manöver b7-b5 vorbereitet hat.

14. Le2×c4 b7–b5!

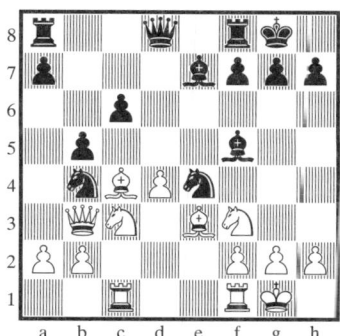

15. Lc4×f7+?!

Das zaghafte 15.Le2 führt zum Bauernverlust: 15....Le6 16.Dd1 Sc3: 17.Tc3: La2: 18.b3 a5 und a5-a4 oder 17.bc3: Sa2: 18.Tc2 und b5-b4. Das Läuferopfer erweist sich jedoch als inkorrekt.

15. ... Tf8×f7
16. Sf3–e5 Sb4–d5

Auf 16....De8 käme 17.g4! Sc3: 18.bc3: usw.

17. Sc3×e4

In der Variante 17.Sc6: Sec3:! 18.Sd8: Se2+ 19.Kh1 Sc1: verbleibt Schwarz das materielle Übergewicht.

17. ... Lf5×e4
18. Tc1×c6

Besser war 18.Sf7: Kf7: und erst jetzt 19.Tc6:.

18. ... Dd8–e8!

19. Tc6–c1

Es geht nicht 19.Tfc1 wegen 19....Se3: 20.Sf7: Ld5!.

19. ... Le7–d6
20. Se5×f7 De8×f7
21. Tc1–c6 Ta8–d8

Auf dem Brett herrscht rein rechnerisch materielles Gleichgewicht, aber das schwarze Figurenknäuel ist besonders fest zusammengeschweißt...

22. Le3–g5 Sd5–f4!

Das führt zu starken Vereinfachungen und einem gewonnenen Läuferendspiel für Schwarz.

23. Db3×f7+ Kg8×f7
24. Lg5×d8 Le4×c6
25. Ld8–g5 Sf4×g2!
26. d4–d5 Lc6×d5
27. Tf1–d1 Kf7–e6
28. Td1×d5 Ke6×d5
29. Kg1×g2 Kd5–e4

Der schwarze König ist bedeutend aktiver als sein weißer Kollege. Dies entscheidet die Sache.

30. Lg5–e3 a7–a6
31. h2–h3 Ld6–e5
32. b2–b3 Le5–d4
33. Le3–g5 Ke4–d3
34. Kg2–f3 Kd3–c2
35. Lg5–e3 Ld4–f6
36. Kf3–e4 Kc2–b2
37. Ke4–d3 Kb2×a2
38. Kd3–c2 a6–a5
39. Le3–b6 a5–a4
40. b3–b4

Sofort verlieren würde 40.ba4: b4.

40. ... Ka2–a3
41. Lb6–c5 h7–h5
42. Lc5–f8 g7–g6
43. Lf8–c5 g6–g5
44. f2–f3

Auf 44.Ld6 folgt der Durchbruch 44....g4! 45.hg4: h4 nebst h4-h3 und Le7 mit Eroberung des b-Bauern.

44. ... Lf6–e5
45. Lc5–e7 Le5–g3
46. Le7×g5 Ka3×b4
47. f3–f4 Kb4–c4

48.	f4–f5	Kc4–d5!
49.	Lg5–d8	Lg3–d6
50.	Ld8–h4	Kd4–e4
51.	f5–f6	Ke4–f5
52.	Kc2–c3	Kf5–e6
53.	Lh4–g5	b5–b4+
54.	Kc3–c4	b4–b3

Weiß gab auf.

Partie Nr. 4
Timman – Hjartarson
Skelleftea 1989

1.	e2–e4	e7–e5
2.	Sg1–f3	Sg8–f6
3.	Sf3×e5	d7–d6
4.	Se5–f3	Sf6×e4
5.	d2–d4	d6–d5
6.	Lf1–d3	Sb8–c6
7.	0–0	Lf8–e7
8.	c2–c4	Sc6–b4
9.	Ld3–e2	0–0
10.	Sb1–c3	

In der folgenden Partie fand Weiß einen interessanten neuen Zug an dieser Stelle, und zwar a2–a3.
Sznapik – Tischbierek (Warschau 1990): 10.a3 Sc6 11.cd5: Dd5: 12.Sc3 Sc3: 13.bc3: Lf5 (gut ist 13....Sa5) 14.c4 De4 15.Ta2 Lf6 16.Td2 Tad8 17.Lb2 Se7 18.Te1 Df4 19.g3 Dd6 20.Lf1 Lg4 21.h3 Lf3: 22.Df3: c5 23.d5 Lb2: 24.Tb2: b6 25.Tbe2 Sc8 26.Te5 Dd7 27.Ld3 Sd6 28.Dh5 g6 29.Dh4 Tde8 30.Te7 Dd8 31.Te8: Te8: 32.Dd8: Td8: 33.Te7 b5 34.cb5: c4 35.Lf1 Sb5: 36.a4 Sd6? (Das Spiel, in dem Weiß etwas Initiative hat, sollte nach 30....Sa3! 31.Te3 Sc2 32.Tc3 Sd4! 33.Lc4: Td5:! remis enden. Jetzt gerät Schwarz dagegen in ein verlorenes Endspiel) 37.Ta7: Tc8 38.Ta6! c3 39.Ld3 Sc4 40.Tc6 Tc6: 41.dc6: Sb6 42.c7 Kf8 43.a5 Sc8 44.Kf1! Schwarz streckte die Waffen (44...Ke7 45.Ke2 Kd7 46.La6 Sd6 47.c8D+ usw.)
In der Mitte der untersuchten Partie ging die Dame in drei Zügen vom Feld d5

nach d6. Man hätte auch gleich Dd5–d6 spielen können.
Hjartarson – Jussupow (Barcelona 1989): 14....Dd6 15.d5 Se5 16.Sd4 Ld7 17.Tb1 b6 18.Sb5 Lb5: 19.Tb5: Remis.

10.	...	Lc8–e6

Der Läufer gelangt immer erst nach einem Doppelschritt auf das Feld f5. In dem Treffen Ljubojevic - Jussupow (Barcelona 1989) ging Schwarz jedoch gleich mit dem Läufer dorthin und demonstrierte dabei einen klaren Weg zum Ausgleich: 10....Lf5 11.a3 Sc3: 12.bc3: Sc6 13.Te1 dc4: 14.Lc4: Ld6 15.Lg5 Dd7 16.Sh4 Sa5 17.La2 Lg4 18.Dc2 Tae8 19.h3 Le6 20.c4 Le7 21.Le7: De7: 22.Sf3 Remis.
Einige Monate später setzten beide Partner ihren theoretischen Disput fort. In der Partie Ljubojevic - Jussupow (Belgrad 1989) wiederholte sich alles bis 13.Te1. Und hier machte der russische Großmeister, offenbar eine häusliche Analyse befürchtend, einen anderen Zug. Anstelle des Tauschs auf c4 zog er 13....Lf6. Wieder endete das Ganze mit einem raschen Friedensschluß: 14.Lf4 Tc8 15.Da4 a6 16.Db3 Sa5 17.Db4 c5 18.dc5: Sc6 19.Db3 Sa5 Remis.

11.	Lc1–e3	Le6–f5
12.	Dd1–b3	d5×c4
13.	Le2×c4	a7–a5

Nach 13....Sc3: 14.bc3: Sc2 15.Tad1 Se3: 16.fe3: hätte Weiß starken Druck gegen den Punkt f7.

14.	a2–a3	

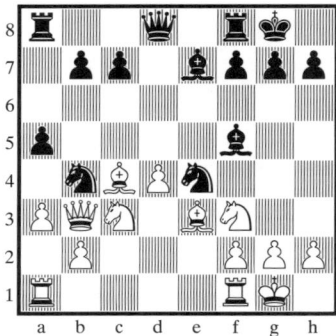

In dem Turnier, bei dem der Zug Lc8–e6 zuerst erprobt wurde, nutzte Archipow seine Idee gleich dreimal. Über zwei Begegnungen haben wir schon berichtet. In der dritten zog Zeschkowski gegen ihn 14.a3, und es entstand die Diagrammstellung. Weiter geschah 14....Sc3: 15.bc3: a4 16.Db2 Sc2 17.Ta2 Se3: 18.fe3: Ld6. Richtig ist hier 19.Se5! Le6 20.Le6: fe6: mit klar besseren Aussichten für Weiß.

Nach zwei aufeinanderfolgenden Ungenauigkeiten 19.Db7:? Tb8 20.Dd5? (nach 20.Da6 Dd7 hat Schwarz eine hinreichend aktive Stellung) 20....Ld3! befand sich Weiß jedoch auf der Verliererstraße: 21.Dc6 (21.Ld3: Lh2:+, bzw. 21.Td1 c6! 22.Dc6: Tc8) 21....Lf1: 22.Kf1: Tb1+ usw.

In der Hauptpartie machte Timman einen neuen Zug. Er schlug auf 14....Sc3: den anderen Springer: 15.ab4:.

Bevor wir weitergehen, möchten wir darauf hinweisen, daß Schwarz in der Partie Jefimenko - Wsdwishkow (Fernpartie 1989) einen halben Zug vorher eine wichtige Neuerung einbrachte. In der Diagrammstellung folgte 14....Sd2!?. Nach 15.Ld2: Lc2 16.Lf7:+ Tf7: 17.De6 Lf5 18.Db3 (18.De5 Ld6) 18....Lc2 19.De6 endete die Begegnung remis, da keine Seite eine Zugwiederholung ablehnen konnte.

Die Bewertung des Manövers 14....Sd2 hängt natürlich von der Variante 15.Sd2: Lc2 16.ab4: Lb3: 17.Sb3: ab4: 18.Sd5 ab. Das materielle Kräfteverhältnis ist ungefähr gleich. Ich würde jedoch lieber mit drei Leichtfiguren gegen die Dame spielen. Falls Ihnen die weiße Stellung nicht zusagt, dann sollten Sie dem Damenausfall 12.a3 oder 12.Tc1 vorziehen (siehe nächste Partie).

| 14. | ... | Se4×c3 |
| 15. | a3×b4 | |

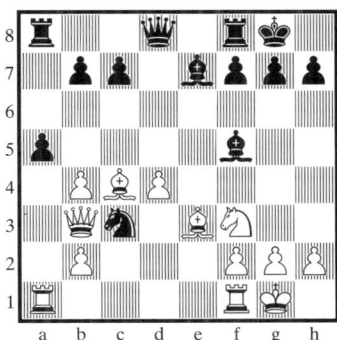

| 15. | ... | b7–b5 |
| 16. | b4×a5! | |

Nicht so klar ist 16.Lf7:+ Tf7: 17.bc3: a4, und die Fortsetzung 16.bc3: bc4: 17.Dc4: Le6 18.Db5 ab4: 19.Ta8: Da3: 20.cb4: Ld5 wäre eindeutig besser für Schwarz.

16.	...	b5×c4
17.	Db3×c3	Lf5–d3
18.	Tf1–e1	

Im Ergebnis hat Weiß bei materieller Überlegenheit noch einen aussichtsreichen Freibauern auf der a-Linie. Hjartarson leistet verzweifelten Widerstand.

18.	...	Ta8–b8
19.	Le3–d2	c7–c5
20.	d4×c5	Le7–f6

Ungenügend wäre 20....Lc5: 21.De5! Tb5 22.Le3 (22.Dg3? Tb2: 23.Lc3? Lf2:+!) 22....Te8 23.De8:+! De8: 24.Lc5: Da8 25.Ld4 mit der Drohung Lc3.

| 21. | Sf3–e5 | Dd8–d5 |
| 22. | Ld2–f4! | |

Verfrüht ist 22.b4? cb3: 23.Dd3: Dd3: 24.Sd3: La1: 25.Ta1: Tbd8 und Schwarz gewinnt.

| 22. | ... | Tf8–e8 |

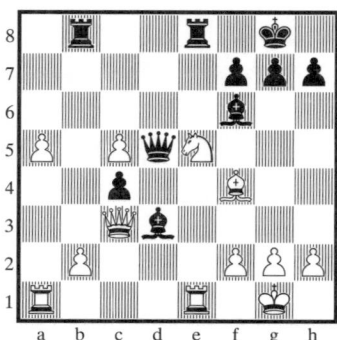

Nichts taugt 22....Tb3 23.Dd2 Tfb8 24.a6 Tb2: 25.a7! oder 22....Dc5: 23.Sd3:. Größere Chancen bot jedoch 22....g5, um dem König ein Schlupfloch zu schaffen. Es scheint, als ob Schwarz auch jetzt nicht so schlecht dasteht.

23. b2–b4!
Eine glänzende Antwort! Drei Freibauern - das wäre zuviel.

23.	...	c4×b3
24.	Dc3×d3	Dd5×d3
25.	Se5×d3	Lf6×a1
26.	Te1×a1	b3–b2
27.	Sd3×b2!	

Nicht jedoch 27.Tb1 Tb3 28.Sb2: (28.Se5? Ta3) 28....Tb2:.

27.	...	Tb8×b2
28.	h2–h3	Tb2–c2
29.	a5–a6!	g7–g5

Es hilft nicht 29....Tc5: 30.a7 Ta8 (30....Tcc8 31.Tb1 Ta8 32.Tb8 usw.) 31.Tb1 Tcc8 32.Tb8 g5 (32....Kf8 33.Kh2!) 33.Ld6 (zu früh wäre 33.Tc8: Tc8: 34.Lb8 Tc1+ 35.Kh2 Ta1) 33....Kg7 34.Kh2.

30.	Lf4–d6	Te8–a8
31.	a6–a7	f7–f5
32.	Ta1–a6	Kg8–f7
33.	c5–c6	Kf7–e6
34.	Ld6–b8	

Schwarz gab auf.
Die Schlußstellung ist recht pikant. Nach 34....Kd5 35.c7 entscheidet die Überführung des weißen Turms auf die achte Reihe. Auf 34....h5 folgt dagegen 35.c7+ Kd7 36.Tg6 Kc8 37.Tg5:.

Partie Nr.5
Hübner – Timman
Sarajevo 1990

1.	e2–e4	e7–e5
2.	Sg1–f3	Sg8–f6
3.	Sf3×e5	d7–d6
4.	Se5–f3	Sf6×e4
5.	d2–d4	d6–d5
6.	Lf1–d3	Sb8–c6
7.	0–0	Lf8–e7
8.	c2–c4	Sc6–b4
9.	Ld3–e2	0–0
10.	Sb1–c3	Lc8–e6
11.	Lc1–e3	Le6–f5
12.	Ta1–c1	

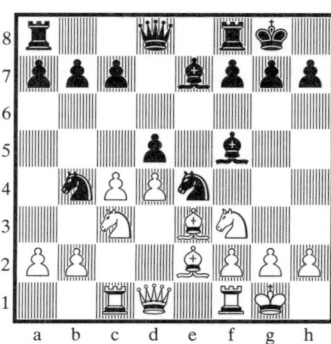

Die Züge 12.a3 und 12.Db3 haben wir bereits betrachtet. Beachten Sie, daß der holländische Großmeister die Russische Partie gern mit beiden Farben spielt. In der vorhergehenden Begegnung erzielte er mit Weiß einen schönen Sieg. Jetzt verläuft die Sache nicht so günstig für ihn. Mit Mühe erreicht Timman als Schwarzer ein Unentschieden.

12. ... d5×c4
Den Zug 12.Tc1 wählte Short ein Jahr zuvor gegen Timman (6.Matchpartie Hilversum 1989). Nach 12....Sc3: 13.bc3: Sa2: 14.Tc2 Lc2: 15.Dc2: Sc3: 16.Dc3: c6 17.Tb1 a5 18.Tb7: a4 19.Se5 Ld6 20.Sc6: Dc8 21.Tb6 führte die taktische Auseinandersetzung zum Vorteil von Weiß. Doch nach beiderseitigen Ungenauigkeiten endete schließlich alles remis.

24

Hier hat Timman eine Verstärkung vorbereitet und den Tausch auf c3 für einige Züge zurückgestellt.

13. Le2×c4   c7–c6
14. Sf3–e5

14.Db3?! mit Druck auf f7 bringt nichts. Hübner verweist auf folgende Varianten: 14....b5 15.Lf7:+ (15.Le2 Le6 16.Dd1 Sc3: 17.bc3: Sa2: 18.Tc2 b4!) 15....Tf7: 16.Se5 Sd5 17.Se4: Le4: 18.Sf7: Kf7: 19.Tc6: Kg8 mit schwarzem Vorteil.

14. ...   Se4×c3
15. b2×c3   Sb4–d5
16. Dd1–f3

Die weißen Figuren stehen aktiver. Schwarz kann aber seine Stellung schrittweise konsolidieren.

16. ...   Lf5–e6
17. Lc4–d3

Auf 17.Tfe1 hätte 17....Se3: 18.Te3: Lc4: ausgeglichen.

17. ...   Le7–d6

Nun wäre der Tausch auf e3 günstig für Weiß: 17....Se3: 18.fe3: Ld6 19.Sc4 Lc7 20.e4.

18. Le3–d2   Dd8–h4!?

Nötig sind entschiedene Maßnahmen, um den weißen Druck am Königsflügel abzumindern: 18....Le5: 19.de5: Se7 20.Lg5!

19. Tf1–e1   Sd5–f6
20. a2–a4   Sf6–g4

Durch Tauschoperationen verschafft Schwarz seinen Figuren etwas Luft (20....Ld5 21.Dg3 Dg3: 22.hg3: mit besseren Chancen für Weiß).

21. Ld2–f4   Sg4×e5
22. Lf4×e5   Le6–d5
23. Df3–f5   Ld6×e5

Zu einem etwas besseren Endspiel für Weiß führt 23....Tad8 24.Te3 g6 25.Df6 Df6: 26.Lf6: Lf4 27.Ld8: Td8: 28.Tb1 Le3: 29.fe3: b6.

24. Te1×e5   g7–g6

Der Rückzug 24....Le6 hätte das Einbruchsfeld auf der 7.Reihe gedeckt, obwohl Hübner nach 25.Df3 g6 26.Tb1 Tab8 27.Ta5 a6 28.Te5 das freiere Spiel gehabt hätte.

25. Df5–d7   Ta8–b8
26. Tc1–b1   Tf8–d8?!

Aufmerksamkeit verdiente hier 26....Le6 27.Dc7 Tfc8 28.Da5 a6 und Schwarz vertreibt die feindliche Dame aus seinem Lager.

27. Dd7–c7   Dh4–g4
28. Ld3–f1   Dg4–d7
29. Te5–e7   Dd7×c7
30. Te7×c7   a7–a5

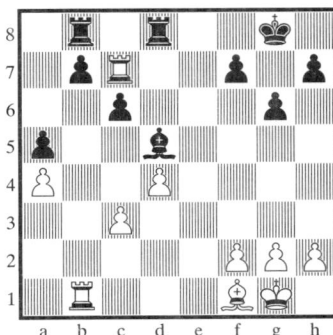

Ein wichtiger Augenblick. Auf das naheliegende 31.Tbb7: Tb7: 32.Tb7: c5 33.Tb6 (ganz einfach ist 33.Tb5 cd4: 34.cd4: Lc6 35.Ta5: Td4:) 33....cd4: 34.cd4: folgt 34....Le4! 35.Tb5 Td4: 36.Ta5: Lc6, und mit dem a-Bauern entschwindet die letzte Erfolgschance.

31. Tb1–b6?

Ein verhängnisvoller Zeitverlust, der den »Zaubervogel« verschenkt. Dabei hätte die schnelle Einbeziehung des Königs in den Kampf die lang erwartete Belohnung gebracht: 31.f3! b6 32.kf2 Kc7 33.Ld3! h5 34.c4 Le6 35.Ke3 Te8 36.Kd2 Tbd8 37.Kc3 c5 (oder 37....Lf5 38.Tc6: Te3 39.Td1) 38.d5 Lf5 39.Lf5: gf5: 40.Tb6:.

Durch einen Sieg hätte Hübner in diesem Kandidatenmatch ausgleichen können.

31. ...   Td8–e8

Jetzt kann der Turm im Falle von 32.f3 aktiviert werden: 32....Te1 33.Kf2 Tc1.

32. c3–c4   Ld5–e6

33.	Tb6×b7	Tb8×b7
34.	Tc7×b7	Te8–d8
35.	d4–d5	

Völlig ungefährlich für Schwarz ist 35.Tc7 Td4: 36.Tc6: Td1.

35.	...	c6×d5
36.	c4–c5	Td8–c8
37.	Tb7–b5	d5–d4
38.	Lf1–d3	Le6–f5
39.	Ld3×f5	g6×f5
40.	Kg1–f1	Tc8–e8
41.	c5–c6	

Die Fortsetzung 41.Ta5: d3 42.Tb5 Te4! 43.a5 d2 44.Tb1 Ta4 hätte sogleich das Remis forciert.

41.	...	d4–d3
42.	Tb5–d5	Te8–c8
43.	Td5×d3	Tc8×c6
44.	Td3–d5	Tc6–c4!
45.	Td5×a5	Kg8–g7
46.	Ta5–a8	Tc4–b4
47.	a4–a5	Tb4–a4
48.	a5–a6	

Wenig versprach der »Tanz« des weißen Königs vor seinen eigenen Bauern: 48.Ke2 Ta2+ 49.Kf3 Ta3+ 50.Kf4 Ta2 51.Kg3 Ta3+.

48.	...	Ta4–a2
49.	g2–g3	h7–h6
50.	h2–h4	

Auch bei 50.Kg2 Ta3 51.h4 Kh7 kann sich der König nicht befreien.

50.	...	f5–f4
51.	g3×f4	Ta2–a4
52.	a6–a7	Ta4–a2
53.	Kf1–g2	

Endlich hat der Monarch seinen Platz verlassen, aber der Ausgang des Kampfes ist vorbestimmt.

53.	...	Ta2–a3
54.	f2–f3	Ta3–a2+
55.	Kg2–g3	Ta2–a3
56.	Kg3–f2	Ta3–a2+
57.	Kf2–e3	Ta2–a4
58.	Ke3–d3	Ta4–a3+
59.	Kd3–c4	Ta3–a1
60.	Kc4–d4	Ta1–a5
61.	Kd4–c4	Remis.

Partie Nr. 6
Karpow – Seirawan
Brüssel 1986

1.	e2–e4	e7–e5
2.	Sg1–f3	Sg8–f6
3.	Sf3×e5	d7–d6
4.	Se5–f3	Sf6×e4
5.	d2–d4	d6–d5
6.	Lf1–d3	Lf8–e7
7.	0–0	Sb8–c6
8.	c2–c4	Sc6–b4
9.	Ld3–e2	Lc8–e6
10.	Sb1–c3	0–0
11.	Lc1–e3	

Im gleichen Turnier spielte Ljubojevic gegen Seirawan direkt 11.cd5:. Nach 11....Sc3: 12.bc3: Sd5: 13.Dc2 (zu gleichem Spiel führt 13.Ld2 Sb6) 13....c5 14.c4 Sb4 15.De4 Dd7 16.dc5:? Lf5 17.Dd4 De6 18.Lb2 Lf6 19.Dd2 Lb2: 20.Db2: Sc2 erreichte Schwarz Vorteil, den er in einen Zähler umzuwandeln vermochte. Nachdem die Partie beendet war, wurde die Meinung geäußert, daß 16.Lb2 besser für Weiß sei.

11.	...	f7–f5!?

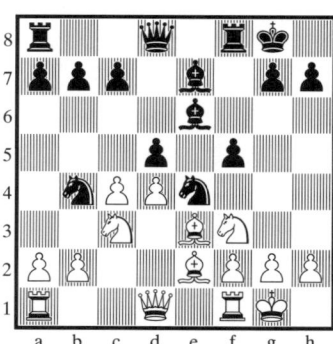

Eine interessante Idee. Durch die energische Vorwärtsbewegung seines f-Bauern erhält Schwarz die Möglichkeit zu aktivem Gegenspiel am Königsflügel. Andere Fortsetzungen sind 11....Lf5, 11....Lf6 und 11....Sc3:. In der Begegnung Sokolow – Smyslow (Moskau

1987) wurde aber noch ein weiterer Zug ausprobiert: 11....Sf6. Dieser Springerrückzug ist kaum zu empfehlen. Weiter geschah 12.a3 Sc6 13.b3 Se4. Der Abtausch auf c3 ist bei einem weißen Bauern auf b2 für Schwarz ungünstig, da der Gegner sein Zentrum stärken kann. Jetzt jedoch, wo der Bauer einen Schritt nach vorn gerückt ist und das Schlagen b2×c3 unmöglich wurde, kehrt der schwarze Springer nach e4 zurück, um auf c3 zu nehmen. Übrigens ist es Weiß selbst, der den Springer schlägt. Der Verlust von zwei Tempi geht an Schwarz nicht spurlos vorüber: 14.Se4: de4: 15.d5 ef3: 16.Lf3: Ld7 17.dc6: Lc6: 18.Lc6: bc6: 19.Df3 Dd3 20.Tab1 Dg6 21.a4 a5 22.Lf4 Ld6 23.Ld6: Dc6: 24.Tbd1 Db4 25.Td7 Tab8 26.Tc7: Db3: 27.Dc6:. Obwohl sich Smyslow im Endspiel schließlich noch gerettet hat, wird wohl niemand mit Schwarz sein Eröffnungsexperiment wiederholen wollen.

12.	a2–a3	Se4×c3
13.	b2×c3	Sb4–c6
14.	Dd1–a4	

Über 14.cd5: reden wir in der nächsten Partie.

| 14. | ... | f5–f4 |
| 15. | Le3–d2 | |

Später wurde festgestellt, daß der Läufer besser ganz zurückgehen sollte: 15.Lc1! Kh8 16.Tb1 Tb8 17.Te1 (Nun geht das Abspiel 17....dc4: 18.Lc4: Lg4 wie in der Partie mit Seirawan nicht, und zwar wegen 19.d5! und Weiß gewinnt) 17....a6 18.Ld3 dc4: 19.Lh7:, wonach Weiß großes Übergewicht besitzt (Kajumow – Serper, UdSSR 1987).

15.	...	Kg8–h8
16.	Ta1–b1	Ta8–b8
17.	Tf1–e1	d5×c4
18.	Le2×c4	Le6–g4
19.	Lc4–e2	

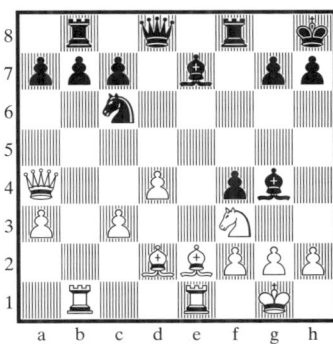

Wieder ein wichtiger Moment. Vorausschauend möchte ich darauf hinweisen, daß hier nach 19....Ld6 20.h3 Lh5 der weiße Turm ein ungewöhnliches Manöver verwirklicht: 21.Tb5 Le8 22.Dc2 a6 23.Tf5!. Der Turmtausch wird vollzogen, und die weißen Felder im feindlichen Lager sind spürbar geschwächt. Letztendlich konnte ich aus diesem Umstand Nutzen ziehen.

Kurz darauf fand Seirawan ein Mittel, um das schwarze Spiel zu verbessern. Die Partie, in der dies geschah, verdient es, vollständig wiedergegeben zu werden.

Rohde – Seirawan (USA-Meisterschaft 1986): In der Diagrammstellung antwortete Schwarz 19....a6!. Der Zug ist nicht kompliziert, aber jetzt wird klar, daß das Feld b5 für den weißen Turm unzugänglich ist. Und das ist sehr wesentlich.
20.h3 Lh5 21.Sg5? Vor Überraschung verliert Weiß den Faden. Nach 21.Tbd1 (interessant wäre auch der Versuch 21.Sh2) hätte er noch die Initiative.
21....Le2!: Dies ist bedeutend stärker als 21....Lg5: 22.Lh5: f3 23.Lg5: Dg5: 24.Lf3:! Tf3: (24....Sd4: 25.Dd4: Tf3: 26.Tb7: Tbf8 27.Tc7: Th3: 28.Dd6 Tg8 29.De6 mit der furchtbaren Drohung Dg8:+) 25.Dc6:, und Weiß ist klar im Vorteil.

22.Se6 Dd5 23.Te2: f3!
Durch das Qualitätsopfer schafft Schwarz gefährliche Drohungen.
24.Tee1 fg2:! 25.Sf8: Tf8: 26.Dd1 Df5!
Er hat schon eine gewonnene Stellung, aber es ist dennoch interessant, die Partie bis zum Schluß zu verfolgen.
27.Kg2: Df2:+ 28.Kh1 Tf3
Um sich vor dem Matt zu retten, muß Weiß eine Figur hergeben.
29.Te3 Te3: 30.Le3: De3: 31.Dg4 g6 32.Tf1
Nichts half 32.Dc8+ Kg7 33.Tb7: Ld6 34.Tc7:+ Lc7: 35.Dc7:+ Se7.
32....Kg7 33.Tf3 De1+ 34.Kg2 La3: 35.Df4 De7 36.Te3 Df7 37.De4 Ld6 38.Te2 Se7! 39.Db7: Sd5 40.Tf2 Se3+
Weiß gab angesichts des effektvollen 41.Kg1 Lh2+! 42.Kh2: Df2:+ 43.Kh1 Dg2+! die Partie auf.

Nun ist es Zeit, zu meinem Kampf gegen Seirawan zurückzukehren.
| 19. | ... | Le7–d6 |
Ich erinnere noch einmal daran, daß hier 19....a6 richtig wäre.
| 20. | h2–h3 | Lg4–h5 |
Ist an dieser Stelle 20....Lf5 vielleicht besser?
| 21. | Tb1–b5! | Lh5–e8 |
Auf 21....Lg6 folgt unangenehm 22.c4.
| 22. | Da4–c2 | a7–a6 |
Zu spät. Zu weißem Vorteil führt auch 22....Lg6 23.Ld3 Ld3: 24.Dd3: mit den Drohungen Th5 und Sg5.
23.	Tb5–f5!	Tf8×f5
24.	Dc2×f5	Le8–g6
25.	Df5–g4	Dd8–f6
26.	Le2–c4	Tb8–f8
Der Damentausch 26....Lf5 27.Dg5 Dg5: 28.Sg5: hätte die Lage von Schwarz nicht erleichtert.
27.	a3–a4	Lg6–c2
28.	Dg4–h5	h7–h6
Auf 28....La4: entscheidet 29.Sg5 h6 30.Sf7+ Kh7 31.Te6!.
29.	Te1–e8!	Lc2–f5
Erneut ist der Bauer wegen 30.Sg5 unantastbar.

| 30. | Lc4–d5! | Lf5–d7 |
| 31. | Te8×f8+ | Df6×f8 |
Auf 31....Lf8: folgt 32.Se5.
| 32. | Sf3–h4 | Ld7–e8 |
| 33. | Dh5–e2 | |
Auch ohne Türme ist es für den Gegner schwer, die weißen Felder zu verteidigen. Aber es lohnt nicht, sich zu beeilen. Jetzt würde Weiß nach 33.Sg6+ Lg6: 34.Dg6: Se7 einen Teil seiner Überlegenheit einbüßen.
33.	...	Sc6–d8
34.	De2–e4	Df8–e7
35.	Sh4–g6+	Le8×g6
36.	De4×g6	c7–c6
Strategisch ist die schwarze Stellung bereits hoffnungslos. Allerdings konnte der Gegner noch hartnäckigen Widerstand organisieren. Das Spiel dauerte noch 40 Züge, also eine ganze Partie!
37.	Ld5–b3	b7–b5
38.	Kg1–f1	De7–f8
39.	Lb3–c2	Kh8–g8
40.	Lc2–b3+	Kg8–h8
41.	h3–h4	Sd8–b7
42.	c3–c4	Df8–g8

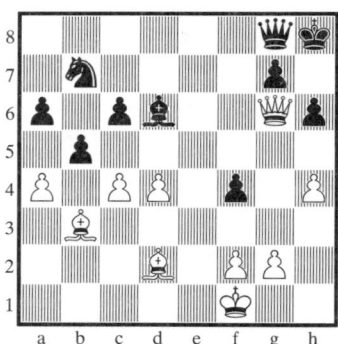

| 43. | Dg6–d3 | |
Dieser Rückzug veränderte zwar das Ergebnis nicht, aber wegen ihm war ein ganzer Abend vergeudet – für das Weiterspielen der Partie... Nach 43.Lc2! mit der Drohung Lc3, d4-d5 und Dh6:+ wäre die Sache schnell zu Ende gegangen.

43.	...	Dg8–h7
44.	Kf1–e2	g7–g5
45.	c4–c5	

Besser war es, sofort die Damen zu tauschen.

45.	...	Ld6–c7
46.	a4×b5	a6×b5
47.	h4–h5	Lc7–a5
48.	Ld2–c1	

Und an dieser Stelle wäre 48.Dh7:+ mit leicht gewonnenem Endspiel richtig gewesen. Jetzt hingegen muß Weiß für den Sieg schon eine kleine Stude schaffen.

| 48. | ... | Dh7–e7+ |
| 49. | Ke2–d1 | |

Nach 49.Kf3 g4+ könnte bereits Schwarz auf einen Sieg hoffen: 50.Kg4: Dg5+ 51.Kf3 (51.Kh3 Dh5: matt) 51....Dh5:+ 52.g4 (52.Ke4 Dg6+, 52.Kf4: Dg5+) 52....Dh1+.

49.	...	De7–e1+
50.	Kd1–c2	De1×f2+
51.	Kc2–b1	Df2–g3
52.	Dd3×g3	f4×g3
53.	Kb1–c2	

Endlich sind die Damen getauscht. Schwarz freilich verbleibt ein Mehrbauer, doch das Endspiel mit Leichtfiguren ist für ihn hoffnungslos.

53.	...	Kh8–g7
54.	d4–d5	Sb7×c5
55.	Lc1–b2+	Kg7–f8
56.	d5×c6	Sc5–a6
57.	Lb2–a3+	Kf8–e8
58.	Lb3–e6!	

Ein kunstvoller Kniff, um den König von seinen Bauern abzuschneiden.

| 58. | ... | La5–b4 |

Natürlich nicht 58....Sb4+ 59.Lb4: Lb4: 60.c7.

59.	La3–b2	Lb4–f8
60.	Le6–d7+	Ke8–d8
61.	Lb2–e5	Sa6–b4+
62.	Kc2–d2	Sb4–d5
63.	Ld7–e6	Sd5–c7
64.	Le6–f7	Sc7–e8

Die letzte Chance bestand in 64....Sa6.

Nun folgt die angekündigte Studie.

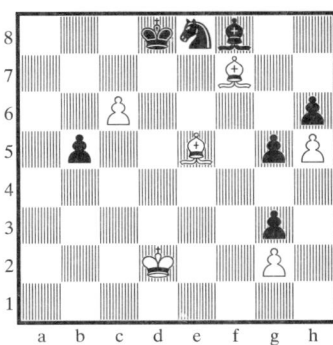

| 65. | Lf7×e8! | Kd8×e8 |
| 66. | Le5–f6! | |

Jetzt sperrt der andere Läufer den schwarzen König vom Bauern ab. Nach 66.Lc7 Lc5! konnte sich Schwarz noch halten.

66.	...	g5–g4
67.	Kd2–c3	Lf8–d6
68.	Lf6–g7	Ld6–f4
69.	Kc3–b4	Ke8–d8
70.	Kb4×b5	Kd8–c7
71.	Kb5–c5	Lf4–e3+
72.	Kc5–d5	Le3–f4
73.	Lg7–f8	

Schwarz befindet sich total im Zugzwang.

73.	...	Kc7–b6
74.	Lf8–d6	Lf4–g5
75.	Ld6×g3	

Schwarz gab auf.

Partie Nr. 7
Hübner – Jussupow
Rotterdam 1988

1.	e2–e4	e7–e5
2.	Sg1–f3	Sg8–f6
3.	Sf3×e5	d7–d6
4.	Se5–f3	Sf6×e4
5.	d2–d4	d6–d5

6.	Lf1–d3	Sb8–c6
7.	0–0	Lf8–e7
8.	c2–c4	Sc6–b4
9.	Ld3–e2	0–0
10.	Sb1–c3	

Die Russische Partie ist eine der Lieblingseröffnungen von Großmeister A. Jussupow. Er erreicht mit ihr gute Resultate, dabei erzielt er häufig schöpferische Erfolge. Drei Monate nach dem Weltcup in Rotterdam wandte Nunn hier einen neuen Zug gegen Jussupow an – 10.Se5?!. Der Rösselsprung verursachte Schwarz keinen Schaden – 10....c5 11.Le3 Lf5 12.a3 Sc6 13.Sc6: bc6: 14.cd5: cd5: 15.dc5: Lc5: 16.Lc5: Sc5: 17.Sd2 d4 (Die schwarze Stellung ist schon angenehmer, nach 10 Zügen endete jedoch alles friedlich) 18.Tc1 Tc8 19.Sb3 Sb3: 20.Tc8: Dc8: 21.Db3: Lc2 22.Df3 Db8 23.b4 Tc8 24.La6 Tc3 25.Dd5 Ta3: 26.Lc4 Lg6 27.Dd4: Db6 Remis.

10.	...	Lc8–e6
11.	Lc1–e3	f7–f5
12.	a2–a3	

Im Falle von 12.cd5: Sd5: 13.Se4: fe4: 14.Sd2 Se3: 15.fe3: Lg5 ist bei Schwarz ebenfalls alles in Ordnung. Weiß kann aber stärker spielen – 13.Sd5: Ld5: 14.Lf4 c6, wodurch er einen minimalen positionellen Vorteil erhält.

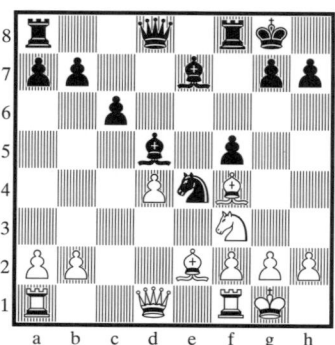

Dieser wurde übrigens in der Begegnung Dwoiris – Sorokin (Tscheljabinsk

1990) rasch ausgebaut: 15.Le5 Db6 (Die Dame hat hier nichts zu suchen. Aufmerksamkeit verdiente ein anderes Manöver: Dd8-e8-g6) 16.Dc2 Tad8 17.b3 Da5 18.Lc4 Sd6 19.Sd2 Sf7 20.Lf4 Lf6 21.Tae1 Ld4: 22.Df5: Lc3 23.Dc2 Sd6 24.Ld6: Td6: 25.Se4 Le1: 26.Sd6: Lb4 27.Se4 (Der spannende Mittelspielkampf führte zu einem für Schwarz schwierigen Endspiel) 27....Kh8 28.Ld5: Dd5: 29.Td1 Df5 30.f3 Le7 31.Dd3 Tf7 32.Dd4 b6 33.Dc4 c5 34.Da4 Lf8 35.De8 Te7 36.Da8 Kg8 37.Td8 Te6 38.h3 c4 39.bc4: Df7 40.Sg5 Df6 41.Tf8:+ Schwarz gab auf.

12.	...	Se4×c3

Jedoch nicht 12....Sc6?! 13.Sd5: mit starker weißer Initiative.

13.	b2×c3	Sb4–c6
14.	c4×d5	

Hier ist die Neuerung. Auf 14.Tb1 antwortet Schwarz 14....Tb8!, nebst 15.cd5: Ld5: 16.c4 Le4! mit unklarem Spiel (17.Tb5 a6). Der Zug 14.Da4 wurde in der vorhergehenden Partie betrachtet.

14.	...	Le6×d5

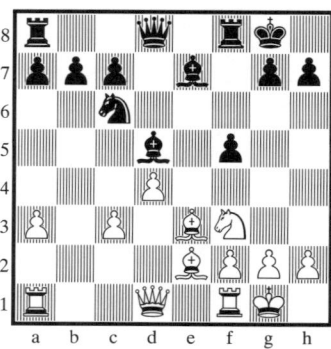

15. c3–c4

Nach der Meinung von S. Makarytschew behielte Weiß bessere Chancen bei **15.Tb1**.
Weniger klar ist **15.Lf4** (15.Dd2? Sa5) 15....g5! 16.Lc1 Lf6!, aber nicht 16....g4?!

17.Sd2 Ld6 18.c4 Lh2:+ 19.Kh2: Dh4+ 20.Kg1 Lg2: 21.Kg2: Dh3+ 22.Kg1 Sd4: 23.Te1 und der schwarze Angriff ist abgeschlagen (23....g3 24.Sf1).

In der Partie Dwoiris - Michaltschischin (Lwow 1990) zog Schwarz auf 15.Lf4 den Läufer 15....Ld6. Nach 16.Ld6: Dd6: 17.Sd2 erhielt Weiß das etwas bessere Endspiel, das letztlich remis endete. Es ist lehrreich zu sehen, wie es sich gestaltete: 17....Tae8 18.Lf3 b6 19.Da4 Sa5 20.Tfe1 Lc6 21.Lc6: Dc6: 22.Dc6: Sc6: 23.Sc4 g5 24.f3 Te7 25.Kf2 Tfe8 26.Se3 Tf8 27.h4 gh4: 28.Th1 f4 29.Sd5 Td7 30.Sb4 Se7 31.Th4: c5 32.Sc2 Sg6 33.Th5 cd4: 34.cd4: Tc8 35.Ta2 Tdc7 36.Sb4 a5 37.Sd5 Tc2+ 38.Tc2: Tc2:+ 39.Kg1 b5 40.Sf6+ Kg7 41.Se4 c4 42.Ta5: b3 43.Kh2 Sh4 44.Kh3 b2 45.Tb5 Sf5 46.Sc5 Sd4: 47.Tb7+ Kf6 48.Sd3 Tc3 49.Sb2: Sf3: 50.gf3: Tf3:+ 51.Kg4 Ta3: und bald war Weiß gezwungen, in das Remis einzuwilligen.

Der Marsch des c-Bauern ermöglichte es dem Nachziehenden, günstige Vereinfachungen durchzusetzen. Ein Jahr später wählte Beljawsky gegen Jussupow (Barcelona 1989) das zurückhaltendere **15.Dc2** und erreichte auch nichts. Es folgte 15....Kh8 16.Tfd1 Dd7 17.Lf4 Ld6 18.Se5 (Nun reißt Schwarz die Initiative an sich. Weiß hätte auf d6 tauschen sollen) 18....Le5: 19.de5: De6 20.c4 Le4 21.Dc3 Se7 22.Td4 Tae8! 23.f3 Lc6 24.Lg3 g5 25.Ld3 f4 26.Lf2 Sf5 27.Lf5: Tf5: 28.Tad1 Kg8 29.Td8 Tff8 30.Te8: Te8: 31.Dd4 De5:? (Verschenkt den Vorteil. Richtig ist 31....b6) 32.De5: Te5: 33.La7: Te8 34.Lc5 Kf7 35.Kf2 Kf6 36.Lb4 h5 (Ein unvorsichtiger Zug, der es schon Weiß erlaubt, Vorteil zu erlangen. Übrigens, am Ende ging alles für beide Seiten glücklich aus) 37.h4! gh4: 38.Td4 Kg5 39.La5 b6 40.Ld2 Tf8 41.c5 Tf5 42.cb6: cb6: 43.Tc4 Ld7 44.Kg1 b5 45.Td4 Le6 46.Kh2 Lc8 47.La5 h3! 48.Td6 Tc5 49.Ld8+ Kf5

50.Th6 Td5! (Die ungleichfarbigen Läufer garantieren Schwarz den friedlichen Ausgang) 51.Th5:+ Ke6 52.Td5: Kd5: 53.gh3: Lf5 54.Lc7 Lb1 55.Lf4: Ke6 56.Kg3 Lf5 57.Lg5 Lb1 58.Kf4 Lf5 59.h4 Lb1 60.h5 Kd5 Remis.

15.	...	Ld5×f3
16.	Le2×f3	f5–f4
17.	Lf3–d5+	Kg8–h8
18.	Le3–c1	Sc6×d4!

Genauer als 18....Lf6 19.Lb2 Sd4: 20.Ld4: Ld4: 21.Dd4: c6 22.Tad1 cd5: 23.cd5: mit besserem Endspiel für Weiß.

19.	Ta1–b1	

Schlecht wäre 19.Dd4: wegen 19....Lf6!. Zum Ausgleich führt 19.Lb2 c5.

19.	...	Le7–c5

Aber nicht 19....c6 20.Le4 mit der Drohung 21.Dh5.

20.	Tb1×b7	

Und hier führt 20.Lb2 nach 20....Df6! nicht zum Erfolg.

20.	...	f4–f3!
21.	Ld5×f3	Sd4×f3+
	Remis.	

Im Falle von 22.gf3: Ld6! hat der weiße Mehrbauer keine Bedeutung.

Partie Nr.8
Ljubojević – Karpow
Bugojno 1986

1.	e2–e4	e7–e5
2.	Sg1–f3	Sg8–f6
3.	Sf3×e5	d7–d6
4.	Se5–f3	Sf6×e4
5.	d2–d4	

Im »Schachinformator Nr.44« wird in den Kommentaren zu einer Partie die Begegnung Miles - Christiansen (San Francisco 1987) angeführt, in der folgte 5.Sc3 Lf5 6.Se4: Le4: 7.d3 Lg6 mit schnellem Remis, wobei der Zug des Läufers nach f5 als Neuerung ausgewiesen war. Wie in der Zeitschrift »Chess Life« berichtet wird, haben Miles und Christiansen sich vorher auf Remis geeinigt, weswegen es ihre Züge nicht verdienen, ernst genommen zu werden. In diese »Falle« tappte Anand einige Monate nach dem Erscheinen des »Informators« (Biel 1988). Er benutzte den »zuverlässigen« Zug 5....Lf5 und mußte nach der offensichtlichen Antwort seines Gegners Zapata 6.De2! aufgeben (6....De7 7.Sd5!). Möglicherweise ist das die schnellste Niederlage eines Großmeisters in der Geschichte überhaupt! Der Fall selbst gehört in die Sammlung von Eröffnungskuriositäten.

	5.	...	d6–d5
	6.	Lf1–d3	Lf8–e7
	7.	0–0	Sb8–c6
	8.	c2–c4	Sc6–b4
	9.	Ld3–e2	

Nach der 41.Partie im Match mit Kasparow schien es, als ob es keine Freiwilligen gibt, diese Stellung mit Schwarz zu spielen. Wie Sie jedoch sehen, hat sich die Theorie ungestüm entwickelt, und für Schwarz wurden allerlei Gegengifte entdeckt. Schließlich habe ich mich selbst entschlossen, die Variante mit Schwarz zu spielen.

	9.	...	0–0
	10.	Sb1–c3	Lc8–e6
	11.	Lc1–e3	Le7–f6

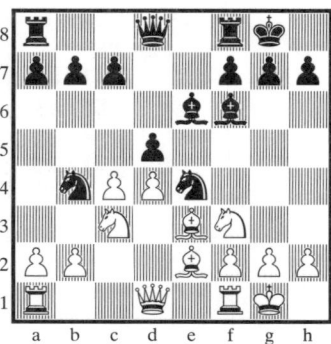

Erstmals begegnete man dieser Stellung in einer anderen Partie des jugoslawischen Großmeisters Ljubojević – Christiansen (Linares 1985). Nach 12.Tc1 c5 13.a3 cd4: 14.Sd4: Ld4: 15.Ld4: Sc3: 16.Tc3: Sc6 17.cd5: Sd4: 18.de6: fe6: (sicherer ist 18....Se6: und Weiß hat einen kleinen Vorteil) 19.Ld3 Tf7 20.Dd2 Df6 21.Tfc1 erhielt Weiß spürbares Übergewicht.

In dieser Partie hat Ljubojević auf e4 geschlagen. Andere Wege sind völlig ungefährlich für Schwarz: 12.cd5: Sc3: 13.bc3: Sd5: und Schwarz steht einfach besser; 12.a3 Sc3: 13.bc3: Sc6 14.cd5: Ld5: mit gleichem Spiel.

	12.	Sc3×e4	d5×e4
	13.	Sf3–e1	c7–c6
	14.	Dd1–b3	Dd8–e7
	15.	a2–a3	Sb4–a6
	16.	Se1–c2	Tf8–d8

Vielleicht ist 16. ... Dd7 17.Tfd1 Sc7 mit der Vorbereitung von b7-b5 besser.

| | 17. | Tf1–d1 | Ta8–c8 |
| | 18. | Db3–a4 | c6–c5! |

Läßt b2-b4 mit Einengung des Damenflügels nicht zu.

| | 19. | Ta1–c1! | |

Im Falle von 19.d5 Ld7 20.Db3 Dd6 mit folgendem Le5 kann einem die Stellung von Schwarz richtig gefallen. Jetzt aber erneuert Weiß nach vollzogener Überdeckung des Bauern c4 die Drohung b2-b4.

| | 19. | ... | c5×d4 |
| | 20. | Sc2×d4 | Sa6–c5 |

Durch das Bauernopfer bekomme ich etwas Spiel. Unabhängig von den nachfolgenden Ereignissen muß man die Errungenschaften in der Eröffnung dem Konto von Weiß gutschreiben.

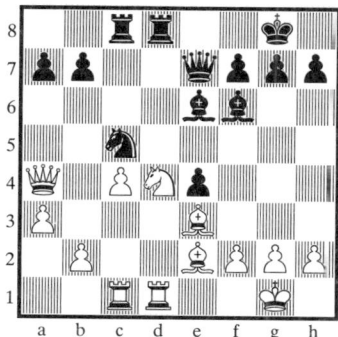

21. Da4×a7   Sc5–d3

Ungenügend ist 21....Ld4: 22.Td4: Td4: 23.Ld4: Sd3 24.Tc2 mit weißer Überlegenheit.

22. Le2×d3

Nach 22.Se6: De6: 23.Tc2 (23.Ld3: ed3: 24.Db7: Tb8 mit gleichem Spiel) 23....b5! hat Schwarz genügend Gegenchancen.

22. ...   Lf6×d4
23. Le3×d4   e4×d3
24. Td1×d3   Tc8×c4

Schlecht ist 24....Ta8 wegen 25.Db6 Ta6 26.Db3 Tad6 27.Dc3.

25. Tc1×c4   Le6×c4
26. Td3–e3   De7–d6

Vielleicht hätte 26....Dd7 gespielt werden sollen mit der Idee 27.h3 f6 28.Dc5 Le6 nebst Te8 und Df7.

27. h2–h3   f7–f6
28. Da7–c5

Eine andere Möglichkeit ist 28.Lb6 Dd1+ 29.Kh2 Dd6+ 30.Tg3 Tb8.

28. ...   Dd6×c5

Es geht nicht 28....Dd4: 29.Te8+ Kf7 30.De7+.

29. Ld4×c5   b7–b5
30. Lc5–b4

Zum Remis führte auch 30.b3 Lf7 31.a4 Td1+ 32.Kh2 ba4: 33.ba4: Ta1 34.La3 Ta2.

30. ...   h7–h5
31. Te3–e7?

Die ganze Partie über übte Weiß einen starken Druck auf die Stellung des Gegners aus, und auch jetzt noch konnte er die besseren Chancen behalten: 31.Kh2 Td7 32.h4 mit der Drohung Kg3, f2-f3 und Kf4. Nach dem Turmzug konnte ich endlich aufatmen.

31. ...   Td8–d1+
32. Kg1–h2   Td1–c1

Aber nicht 32....Tf1 33.Le1!.

33. Lb4–c3   Tc1–c2
34. Lc3–d4

Auf 34.Kg3 folgt h5-h4+.

34. ...   Tc2–d2
35. Te7–d7   Td2–d3

Möglich ist auch 35....h4 36.Td8+ Kh7 37.Lf6: Tf2:.

36. h3–h4   Kg8–h7
37. f2–f3   Kh7–g6
38. Td7–d8   Kg6–f7
39. Ld4–b6   Td3×d8
40. Lb6×d8   Kf7–g6

Oder 40....f5 41.Kg3 g6 42.Kf4 Ke6.

41. Kh2–g3   Kg6–f5
42. Kg3–f2   Kf5–e5
43. Kf2–e3   Lc4–b3
44. Ld8–c7+   Ke5–d5
Remis.

Partie Nr. 9
Beljawsky – Smyslow
Reggio Emilia 1986/87

1. e2–e4   e7–e5
2. Sg1–f3   Sg8–f6
3. Sf3×e5   d7–d6
4. Se5–f3   Sf6×e4
5. d2–d4   d6–d5
6. Lf1–d3   Sb8–c6
7. 0–0   Lf8–e7
8. c2–c4   Sc6–b4

Smyslow spielt die Russische Partie immer erfindungsreich. Hier ist ein Beispiel, wo der Exweltmeister schnell Remis erreichte, nachdem er den ruhigen Zug 8....Le6 gewählt hatte.

Short – Smyslow (Hastings 1989/90):
8. ... Le6 9.Te1 Sf6 10.c5 0-0 11.Sc3
Lg4 12.Le3.

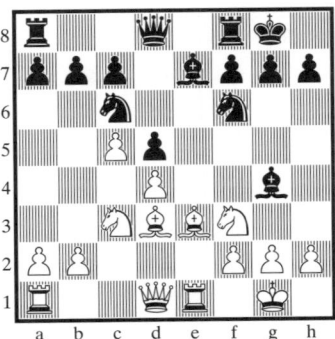

Auf den ersten Blick hat Weiß durch den Vorstoß des c-Bauern stabiles Übergewicht, aber Smyslow bereitete eine schöne Operation vor, die die Verhältnisse auf dem Brett schnell klärte:
12....Lc5:! 13.dc5: d4 14.Ld4: Sd4: 15.Lh7:+ Kh7: 16.Dd4: Lf3: 17.Dd8: Tfd8: 18.gf3: Sg5 19.Te7 Tac8 20.Te3 Td2 21.Se4 Remis.

9. c4×d5
Dieses Schlagen, das den Tausch des weißfeldrigen Läufers zuläßt, war schon vor meiner 41.WM-Partie gegen Kasparow bekannt. Die Zugfolge ist auch heute noch aktuell.

9.   ...   Sb4×d3
10. Dd1×d3   Dd8×d5

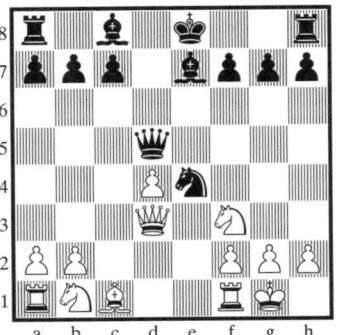

Diese Stellung ist seit über zwanzig Jahren bekannt, so daß es unmöglich erscheint, sie von allen Seiten zu beleuchten. Uns interessieren hier vor allem Beispiele aus dem letzten Jahrzehnt.

11.   Tf1-e1   Lc8-f5

Zuvor spielte Weiß hier ausschließlich **12.Sc3 Sc3: 13.Dc3:.** Hier zwei wichtige Beispiele zu diesem Thema.

Hübner – Smyslow (Velden 1983):
13....Le6 Der sich anbietende Zug 13....c6 ist längst widerlegt, und zwar durch folgendes effektvolles Mittel.

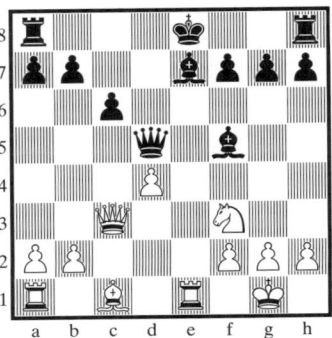

14.Lh6!! Tg8 (14....gh6: 15.Te5 Dd7 16.Tae1 Le6 17.d5! cd5: 18.Te6: fe6: 19.Dh8:+ Lf8 20.Df6 usw.; 14....Le4 15.Lg7: Tg8 16.Te4:! De4: 17.Te1 De1:+ 18.De1: Tg7: 19.De5) 15.Te5 Dd7 16.Tae1 Le6 17.Sg5! 0-0-0 18.Sf7: und Weiß gewann (Browne – Bisguier, USA-Meisterschaft 1974).
14.Dc7: Ld6 15.Dc2 0-0 16.Ld2 Lf5!
Gut ist auch 16....Dh5 17.h3 Ld5 18.Dd3 f6.
17.Db3 Db3: 18.ab3: f6 19.Lc3 Kf7.
Der weiße Mehrbauer fällt nicht ins Gewicht, zumal Schwarz das aktive Läuferpaar besitzt. Das Spiel endete remis.

Van der Wiel – Short (Biel 1985):
13....Le6 14.Te5
Vielleicht besser als das Schlagen auf c7, aber auch nicht so gefährlich für Schwarz.

14....Dc6 Auch nach 14....Dd7 15.Lg5 f6 16.Te3 fg5: 17.Tae1 0-0 18.Te6: Lf6 hat Schwarz eine feste Stellung.
15.De1 Bei 15.Dc6: bc6: kompensiert Schwarz die kleine Schwäche in seiner Bauernkette durch das Läuferpaar.
15....0-0-0 16.Lg5 Lg5: 17.Tg5: Ld5 18.Se5 Db6 Annehmbar ist ebenfalls 18....Dh6 19.Tg3 f6.
19.Tg7: Thg8 20.Tg3 Db2: War es nicht besser, den Bauern d4 zu verspeisen?
21.Td1 Tg3: 22.hg3: La2:? Nach 22....Te8 mußte Schwarz nicht verlieren. Da er aber den Bauern auf a2 schlug, stellte er seinen Läufer ins Abseits und die Drohungen von Weiß nahmen schnell überhand. Im Prinzip könnte man hier den Schlußpunkt setzen, aber das Finale der Partie ist so pikant, daß es lohnt, den Kampf bis zum Ende zu verfolgen.
23.Da5 Kb8 24.Sd3 Db3 25.Tc1 b6 26.De5 Tc8 27.Sf4 Db2 28.Tc6 Kb7 29.Kh2 Df2: 30.Sd3 Dd2 31.De4 Kb8 Hartnäckiger war sofort 31....Td8.
32.Se5 Td8 33.Sd7+! Kc8

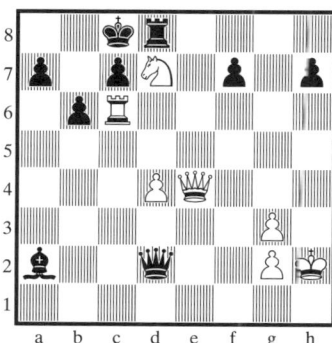

34.Td6!! Ein studienartiger Schluß: 34....Td7: 35.Da8 matt oder 34....cd6: 35.Dc6 matt.
Weiß gewann diese Partie auf sehr hübsche Weise, aber sicher könnte man dieses Ergebnis niemals auf das Konto der Eröffnung gutschreiben. Jetzt kehren wir aber zur Hauptpartie zurück.

12. Sf3–e5!?

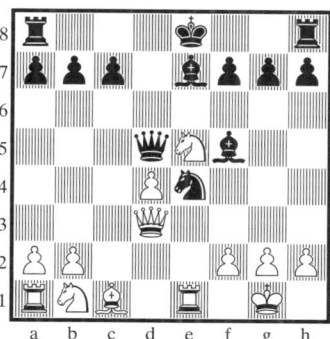

Der Springerausfall ist in der Theorie längst bekannt, allerdings widmet ihm die »Enzyklopädie der Schacheröffnungen« insgesamt nur wenige Zeilen.
Auf **12....f6** ist die Empfehlung von P. Keres 13.Df3 angeführt »mit etwas besserer Stellung für Weiß« (in Klammern ist angemerkt, daß im Falle von 12....Lh4? 13.g3 Sg3: der Zug 14.Df3! die Partie entscheidet, Zuidema - Barendregt, Amsterdam 1966).
Allerdings lohnt es sich, den Vorstoß f7-f6 genauer unter die Lupe zu nehmen. Seine Idee ist, daß Schwarz nach 12....f6 13.Df3 mit 13....g6! antwortet und beim Rückzug des Springers e5 keine besonderen Probleme hat. Und die Variante 14.g4 fe5: 15.gf5: gf5: ist überhaupt ungünstig für Weiß (16.Df5: Tg8+ 17.Kf1 Dc4+).
Was soll Weiß auf 12....f6 ziehen?
In der Partie Makropoulos – Toth, Budwa 1981 folgte 13. Sc3 Sc3: 14. Df5: Sb5 15.Dh5+ g6 16.Dh3 fe5: 17.Te5: Dd4: 18.De6 Dd1+ 19.Te1 Dd7 20. Lg5, und die Chancen waren gleich.
Eine Neuerung wurde in der Partie de Firmian - Plaskett (Kopenhagen 1985) präsentiert: 15.Dg4!?. Schwarz jagte daraufhin nach 15. ... Sd4: 16. Sd3 mittels 16....Sc2? einem Qualitätsgewinn nach und geriet in einen Matt-

angriff: 17.Sb4! Sb4: 18.Db4: c5 19.Dg4 Kf7 20.Lh6! gh6: (20....Thg8 21.Tad1 gh6: 22.Dg8:+) 21.Tad1 h5 (21....Dc6 22.Te7:+! Ke7: 23.Dg7+ Ke6 24.Te1+ mit Vernichtung von Schwarz) 22.De2 Df5 23.De7:+ Kg6 24.Td7 h4 25.h3 Tag8 26.Te4 Kh5 27.Df7+ Tg6 28.Td5 Schwarz gab auf.

De Firmian, der die Partie im Informator kommentierte, schlug 16....Kf7 17.Te7:+ Ke7: 18.Dg7:+ mit unklarem Spiel vor. Es zeigte sich aber, daß hier alles sehr klar war! Die Partie der jungen Schachmeister Ulybin - Serper (Sotschi 1986) dauerte nun nur noch sieben Züge: 18....Df7 19.Dg4 Tad8 20.b3 Dg6 21.Dg6: hg6: 22.La3+ Kf7 23.Se1 Th5 24.Lb2 Se6 25.Sf3 Thd5 Weiß gab auf.

Also ist das Opfer 17.Te7:+ inkorrekt und die ganze Variante ungefährlich für Schwarz. Vielleicht kommt man zu dem Schluß, daß auf 12.Se5 die Reaktion 12....f6 völlig zum Ausgleich reicht.

Worauf baute Beljawsky, als er den Springer nach e5 spielte, und warum verzichtete Smyslow auf f7-f6? Nun, die Antwort auf diese Fragen muß die Zukunft geben.

12. ... g7–g6

Es muß angemerkt werden, daß die Auswahl von Schwarz hier nicht groß ist. Unzureichend wäre nach Meinung von Archipow **12....0-0-0** wegen 13.Df3 (13.Sc3? De5:) 13....g6 14.g4 Lh4 15.Sc3 (günstig für Schwarz ist 15.Sd3 Sf2: 16.Dd5: Sh3+ 17.Kg2 Td5: 18.gf5: Le1: 19.Se1: Te8) 15....Sc3: 16.bc3: Le6 17.Dd5: Td5: 18.g5 mit weißem Übergewicht.

Und nach **12....Sd6** 13.Sc3! Da5 (13....De5: 14.de5: Ld3: 15.ed6: cd6: 16.Sd5) 14.De3 (oder 14.Df3) gerät Schwarz unter mächtigen Druck.

Nach dem frühen Remis in dieser Partie zu urteilen, erscheint die Neuerung Smyslows (g7-g6) erfolgreich. Aber um den Friedensschluß zu erreichen, muß Schwarz erst noch einige Barrieren überwinden, so daß der Zug mit dem Nachbarbauern dennoch zuverlässig aussieht.

13. Dd3–f3

Ein wichtiger Moment. 13.g4 ging nicht wegen des Einschlags 13....Sf2:!. Aber warum kann Weiß nicht **13.Sc3** spielen? Auf den ersten Blick ist das Einschieben der Züge Se5 und g6 im Vergleich zu den weiter vorn betrachteten Partien günstig für Weiß. In der Tat ist nach 13.Sc3 Sc3: 14.Dc3: der Zug 14....Le6 schlecht wegen 15.Lh6! 0-0-0 16.Sf7:! Lf7: 17.Te7: und Weiß besitzt einen Mehrbauern bei besserer Stellung.

Verlieren würde auch 14....c6 wegen 15.Sc4! mit der Drohung 16.Se3 und 17.d5.

Richtig ist allein 14....0-0-0 mit gutem Spiel für Schwarz, weil 15.Sg6: wegen 15....hg6: 16.Te7: Dd6! mit Angriff auf den Turm und den Bauern h2 nicht geht.

Wie es scheint, hat Weiß nach dem von Beljawsky gewählten Damenmanöver gefährliche Initiative. Smyslow jedoch schlägt den Bauern kaltblütig...

13. ... Dd5×d4
14. Sb1–c3 Dd4×e5

Schwarz nimmt weiterhin alles, was ihm unter die Finger gerät. Das Material wird später zurückgewonnen, und dabei leert sich das Brett...

15. Lc1–f4

Im Falle von 15.Se4: entschlüpft Schwarz durch 15....0-0.

15. ... De5–a5
16. b2–b4

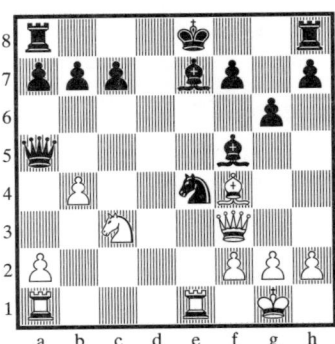

Nach 16.Se4: hätte Schwarz wiederum Zeit für die Rochade: 16....0-0 17.Sg3 Le6. Sicher rechnete Beljawsky mit dem Vorrücken des b-Bauern, als er Dd3-f3 spielte. Wenn jetzt 16....Db4: (16....Db6), so entscheidet 17.Sd5! sofort. Dieser Satz des Springers erfolgt auch auf der Rückzug der schwarzen Dame nach a6. Die sich daraus ergebenden Varianten verdienen Beachtung: 16....Da6 17.Sd5! Ld8! (etwas anderes gibt es nicht) 18.g4! (günstig für Schwarz wäre 18.Te4:+ Le4: 19.De4:+ De6 20.Dd4 0-0 21.Lh6 f6 22.Lf8: Kf8: 23.Dd2 Kg7 24.Te1 Dd7). Jetzt hat Schwarz drei Möglichkeiten, doch sie sind alle wenig aussichtsreich:

a) 18....c6 (Versperrt der Dame den Weg nach e6, was Weiß sogleich ausnutzt) 19.Te4:+ Le4: 20.De4:+ Kd7 (20....Kf8 21.Lh6+ Kg8 22.De8 matt) 21.Td1 mit Gewinn;

b) 18....Le6 19.De4: 0-0 20.Lh6 Te8 (20....Ld5: 21.Dd5: und Weiß erobert die Qualität) 21.De5;

c) 18....0-0 19.gf5: gf5: (19....Sf6 20.Lh6) 20.Kh1 mit unabwendbarem Angriff.

Trotz alledem findet sich für Schwarz noch eine einzige, aber sichere Verteidigung.

| 16. | ... | Da5-a3! |
| 17. | Sc3-d5 | |

Der Springerausfall ist nun mit dem Damentausch verbunden. Und 17.Se4: Df3: würde überhaupt zum Vorteil für Schwarz im Endspiel führen. Und es lohnte wohl kaum, auf 18.Sf6+ Kf8 19.Lh6 matt zu hoffen...

17.	...	Da3×f3
18.	g2×f3	Le7-d8!
19.	f3×e4	

Weiß bleibt nur der Stolz, den Angriff in den letzten fünf Zügen mit einer Figur weniger geführt zu haben...

19.	...	Lf5-e6
20.	Sd5×c7+	Ld8×c7
21.	Lf4×c7	f7-f6

22.	a2-a3	Ta8-c8
23.	Ta1-c1	Ke8-f7
	Remis.	

Eine recht kurze Schlacht, aber man kann sie niemals Großmeisterremis nennen!

Partie Nr. 10
Sax – Jussupow
Saloniki 1984

1.	e2-e4	e7-e5
2.	Sg1-f3	Sg8-f6
3.	Sf3×e5	d7-d6
4.	Se5-f3	Sf6×e4
5.	d2-d4	d6-d5
6.	Lf1-d3	Lf8-e7
7.	0-0	Sb8-c6
8.	Tf1-e1	Lc8-g4
9.	c2-c4	Se4-f6
10.	c4×d5	Lg4×f3
11.	Dd1×f3	Dd8×d5

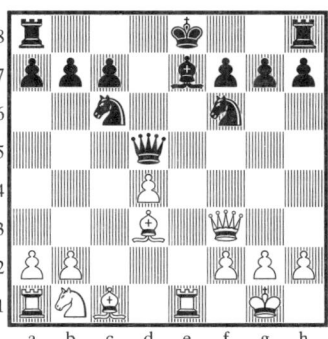

Mein erstes Duell mit Kasparow dauerte sehr lange, ganze fünf Monate, und viele Eröffnungsideen wurden noch während dieses Marathonkampfes präzisiert, zum Beispiel bei der Schacholympiade in Saloniki, wo diese Partie gespielt wurde. Sicher wird sich der Leser daran erinnern, daß diese Stellung in der 28. WM-Partie vorkam, wo es nach 12.Dh3 ein schnelles Remis gab. Aber die Dame kann auch woanders hingehen.

12. Df3–g3

Auch der Damentausch auf d5 ist häufig vorgekommen. Er bedeutet aber für Weiß keine besondere Errungenschaft: 12.Dd5: Sd5: 13.Sc3 0-0-0! (falls 13....Sdb4, so kommt Weiß in Vorteil: 14.Le4 Sd4: 15.Le3 c5 16.Ld4:! cd4: 17.Sb5 Kf8 18.a3! Sc6 19.Tac1 d3 20.Ld3: Lf6 21.b4 g6 22.Le4, Popovic – Kurajica, Jugoslawien 1984, oder 15. ... Td8 16.Ld4: Td4: 17.a3 Sc6 18.Sb5 Td2 19.Sc7:+ Kd8 20.Sb5, Abramovic – Rukawina, Jugoslawien 1985) 14.Le4 Lb4 15.Ld2 Sf6 (zum Remis reicht auch 15....Sd4: 16.Sd5: Ld2: 17.Tad1 c6 18.Td2: cd5: 19.Td4:) 16.a3 Se4: 17.Te4: Lc3: 18.bc3: Sa5 mit völligem Ausgleich (Ehlvest – Michaltschischin, Lwow 1984).

In der Partie Lobron – Michaltschischin schlug Weiß (anstelle von 16.a3) auf c6, und nach 16.Lc6: bc6: 17.a3 Td4:! 18.ab4: Td2: 19.Ta7: Te8! stand Schwarz sogar besser.

Bevor wir weitergehen, erinnere ich daran, daß Kasparows Zug 12.Dh3 aus der 28.Partie zum ersten Mal in einer Begegnung Velimirovic – Kurajica (Bela Zerkow 1984) vorkam. Dort schlug Schwarz mit der Dame auf d4, und nach 12....Dd4: 13.Sc3 Td8 14.Lf5 h5 15.Dg3 Kf8 16.Le3 Db4 17.a3 Da5 war das Spiel in etwa gleich. Eine Untersuchung verdient 14.Lb5!?. So oder so, ich wollte Überraschungen vermeiden und bestimmte selbst den Verlauf des Kampfes, indem ich mit dem Springer auf d4 nahm. Das befreite Schwarz von all seinen Problemen.

12. ... Dd5×d4
13. Sb1–c3 0–0

Bis hierhin verläuft alles wie in der Partie Hübner – Smyslow (Velden 1983), wo zum ersten Mal auf f3 geschlagen wurde. Schwarz setzte damals mit 13....Td8 fort, und er mußte noch Mühe aufwenden, um ein Remis zu erreichen. Dank der Rochade gleicht der Nachziehende jetzt nicht nur das Spiel aus, sondern er übernimmt sogar die Initiative.

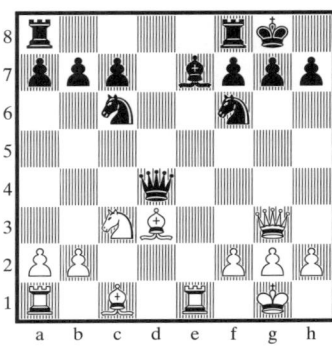

14. Sc3–b5 Dd4–g4

In der Partie Abramovic - Kurajica (Jugoslawien 1984) geschah 14....Db4, und die Gegner beeilten sich sehr mit dem Remisschluß.

15. Dg3×g4

Nicht gut für Weiß ist 15.Dc7: Lc5! mit schwarzem Angriff, aber nach 15.Sc7: Tad8 16.Dg4: Sg4: 17.Le2 steht das Spiel gleich.

15. ... Sf6×g4
16. Ld3–f5

Auch hier war 16.Le2 besser, dagegen ist 16.Sc7: Lc5! gefährlich für Weiß.

16. ... Sg4–f6
17. Sb5×c7 Ta8–d8
18. Lc1–e3

Nicht spielbar ist 18.Sb5 wegen 18....Td5.

18. ... a7–a6

Ein genauer Zug. Nach 18....Ld6 19.Sb5 Lh2:+ 20.Kh2: Td5 21.Sa7: stünde Weiß besser.

19. Ta1–c1

Das ist ein Fehler, nach dem Schwarz die Oberhand gewinnt. Richtig war 19.Ted1 Ld6 20.Lb6 Le5 21.Td8: Td8:

22.Sa6:, und der Ausgleich konnte noch hergestellt werden.

19.	...	Le7–b4!
20.	Te1–f1	

Auf 20.Ted1 folgt 20....La5!.

| 20. | ... | Sc6–d4! |

Im Falle von 20....La5 konnte Weiß mit 21.Sa6: Se7 22.Lc5! Sf5: 23.Lf8: fortsetzen.

21.	Tc1–c4	Sd4×f5
22.	Tc4×b4	Td8–d7
23.	Tf1–c1	

Verlieren würde 23.Lf4 wegen 23....Tc8 24.Tb7: Sd5 25.Le5 Sc7: 26.Tc1 Se8!.

23.	...	Tf8–c8
24.	Tb4–c4	Tc8–d8
25.	h2–h3	Sf5×e3
26.	f2×e3	Kg8–f8
27.	e3–e4	Kf8–e7
28.	Tc4–b4	Td7–d1+
29.	Tc1×d1	Td8×d1+
30.	Kg1–f2	Ke7–d6
31.	e4–e5+	

In Zeitnot begeht Weiß den entscheidenden Fehler. Das Endspiel ist zwar unangenehm für ihn, aber nach 31.Ke2 konnte er sich noch hartnäckig verteidigen.

31.	...	Kd6×e5
32.	Sc7–a8	b7–b5
33.	a2–a4	Sf6–d5
34.	Tb4–b3	b5×a4
35.	Tb3–b7	Td1–b1
36.	Kf2–f3	a4–a3

Weiß gab auf.

Partie Nr. 11
Kasparow – Karpow
15. WM-Partie
Moskau 1985

1.	e2–e4	e7–e5
2.	Sg1–f3	Sg8–f6
3.	Sf3×e5	d7–d6
4.	Se5–f3	Sf6×e4
5.	d2–d4	

Hin und wieder begegnet man auch einer anderen Zugfolge: 5.c4. Als prinzipielle Erwiderung darauf schlug S. Makarytschew 5....Sc6! vor. Jetzt ist auf 6.d4 der Zug 6....d5 gut, z.B. 7.Sc3 Lb4 8.Dc2 De7 9.Le3 Lf5 10.Dc1 Sc3: 11.bc3: La3 12.Dd2 Sb4! mit entscheidendem Übergewicht von Schwarz (Kupreitschik - Michaltschischin, Kuibyschew 1986).

Im Falle von 6.Sc3 gleicht Schwarz das Spiel bequem durch 6....Sc3: 7.dc3: Lf5 8.Sd4 Sd4: 9.Dd4: De7+ 10.Le2 De4 aus (Tschiburdanidse - Agsamow, Frunse 1986).

Und nach 6.Le2 Le7 7.0-0 0-0 8.d4 Lf6! wirken die schwarzen Figuren erfolgreich im Zentrum zusammen. Hier sind zwei Beispiele aus dem gleichen internationalen Turnier in Frunse.

a) 9.h3 Te8 10.Lf4 (auf 10.Sc3 plante Makarytschew 10....Sd4:! 11.Sd4: Ld4: 12.Dd4: Sc3: 13.Dc3: Te2:) 10....Lf5 11.Te1 Dd7 12.Sa3 Lh3: 13.gh3: Dh3: 14.Le3 Sg3 mit schwarzem Angriff (Tschiburdanidse - Makarytschew).

b) 9.Le3 (9.d5 Se7 10.Ld3 Lf5 11.Te1 Sc5 und 9.Ld3 Lf5 10.Te1 Te8 führen ebenfalls zu einem guten Spiel für Schwarz) 9....Te8 10.Sbd2 Lf5! 11.Sb3 d5! 12.Te1 dc4: 13.Lc4: Sd6 14.Le2 Sb4 und Schwarz hat Übergewicht (Kupreitschik - Makarytschew).

5.	...	d6–d5
6.	Lf1–d3	Sb8–c6
7.	0–0	Lc8–g4

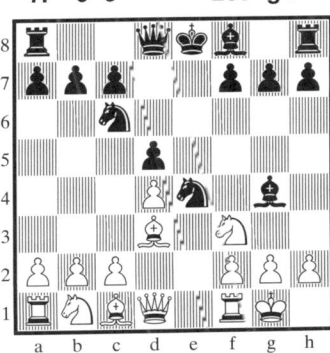

Nun also wollen wir zur Betrachtung des anderen modernen Plans in der Russischen Partie übergehen, der mit dem schnellen Ausfall des weißfeldrigen Läufers nach g4 verbunden ist. Der schwarzfeldrige »Kollege« von ihm verbleibt zunächst auf seinem Ausgangsfeld. Es scheint, als sei dieser Unterschied nicht wesentlich, doch ungeachtet dessen nimmt das Spiel jetzt einen völlig anderen Charakter an. Schwarz hat das Tempo für den Zug Le7 eingespart und übt ernsthaften Druck auf den Bauern d4 aus. Auf der anderen Seite verbleibt sein König im Zentrum und kann in einen gegnerischen Angriff geraten.

Also, es gibt in dieser Variante Plus- und Minusseiten für Schwarz. Interessant ist, daß die Diagrammstellung in der »Enzyklopädie der Schacheröffnungen« überhaupt nicht erwähnt wird.

8. c2–c4 Se4–f6

Nachdem Schwarz mit dem Springer nach f6 zurückgegangen ist und die Antwort Sc3 abgewartet hat, tauscht er, wie wir sehen werden, auf f3 und kassiert den zentralen Bauern d4. Es geht aber nicht, zuerst auf f3 und dann auf d4 zu schlagen, ohne den Springer vorher aus der Gefahrenzone zu ziehen. Was in diesem Falle passiert, zeigt auf elegante Weise folgende Partie.

Psachis – Martinovsky (Philadelphia 1989):
8....Lf3: 9.Df3: Sd4: 10.De3 Sf5 11.De2 Sd4 12.De3 Sf5 13.Dh3
(Verständlicherweise ist Weiß an der Herbeiführung einer Zugwiederholung nicht interessiert)
13....Dd7 14.cd5: Sed6 15.Sc3 0-0-0 16.Lf4 Se7 17.Dh5 Sg6 18.Lg3 Kb8 19.a4 Le7 20.a5 Lf6 21.Sa4 Sb5 22.Tfc1 Dd5:

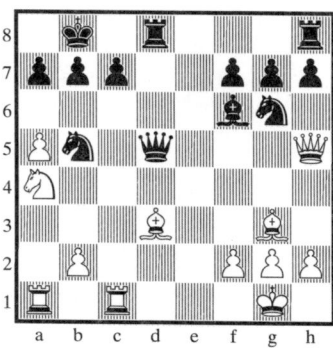

23.Lb5:! Dh5: 24.Lc7:+ Kc8 (24....Ka8 25.Sb6+ ab6: 26.ab6: matt) 25.Le5 matt!

Weil der Ruf des Zuges 8....Sf6 in jüngster Zeit bröckelt, wählte Schwarz in der 4.Partie des Kandidatenmatchs Ehlvest - Jussupow (Saint John 1988) das seltenere 8....Le7. Jetzt würde nach 9.Sc3 Lf3: (verlieren würde 9....Sd4: 10.Le4: de4: 11.Dd4:) 10.gf3: (gut ist auch 10.Df3: Sd4: 11.Dg4) 10....Sf6 11.cd5: Sd5: 12.Le4 eine Stellung aus der alten Partie Schiffers - Kulomsin entstehen, die bereits im Jahre 1901 gespielt wurde. Weiß besitzt leichtes Übergewicht: 12....Sc3: 13.bc3: 0-0 14.f4 usw. Aber fast 90 Jahre später geht er andere Wege:
9.cd5: Dd5: 10.Sc3 Sc3: 11.bc3: 0-0 12.Te1 Lf3: 13.Df3: Df3: 14.gf3: Ld6 15.Le3

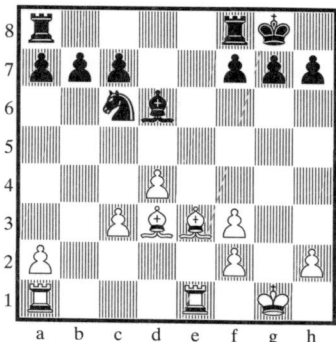

40

Weiß besitzt das Läuferpaar, was auch die Lage für ihn günstiger gestaltet. In der vorliegenden Partie setzte Jussupow mit 15....Tad8 fort, und wenige Monate später gegen Timman (Belfort 1988) zog er 15....Se7. In beiden Partien erreichte Schwarz ein Remis im tiefen Endspiel, aber erst nach vielen Schwierigkeiten. Später wählte Jussupow, wenn er Russisch spielte, diese Variante nicht mehr.

9. Sb1–c3

Schwarz drückt gegen den Bauern d4. Kasparow gibt ihn her, um seine Figuren schneller zu entwickeln. Die Idee ist zwar nicht neu, aber sehr gefährlich für Schwarz.

Was den Zug 9.cd5: angeht, so wird er in Partie Nr.15 behandelt. Es ist offensichtlich, daß nach 9.Te1+ Le7 mit Zugumstellung eine Position aus der 28.WM-Partie erreicht werden konnte. Wie Sie sich erinnern, führte 10.cd5: Lf3: 11.Df3: Dd5: 12.Dh3 Sd4: 13.Sc3 Dd7 14.Dd7:+ Kd7: zu einem schnellen Remis. Natürlich sagt so ein Ergebnis dem Schwarzspieler zu, und deshalb wählte Kasparow nach 46minütigem Nachdenken einen anderen Weg. Er zog ins Kalkül, daß es sich nicht lohnt, sofort Schach zu geben – besser, man hebt sich dies für später auf.

9. ... Lg4×f3

Andere Fortsetzungen können zu ernsten Verwicklungen führen: 9....Le7 10.cd5: Sd5: 11.Le4 bzw. 9....Sd4: 10.De1+ (auch hier taugt ein Schach!) 10....Le7 (10....Se6 11.Se5) 11.Sd4: dc4: 12.Sf5 cd3: 13.Sg7:+ Kf8 14.Lh6 Kg8 15.f3 mit starker Initiative von Weiß.

10. Dd1×f3 Sc6×d4
11. Tf1–e1+

Nach diesem Schachgebot mündet das Spiel wieder in ausgefahrene Gleise, allerdings nur für einen Zug! Die interessanten Abspiele 11.De3+ und 11.Dh3 werden später betrachtet.

11. ... Lf8–e7

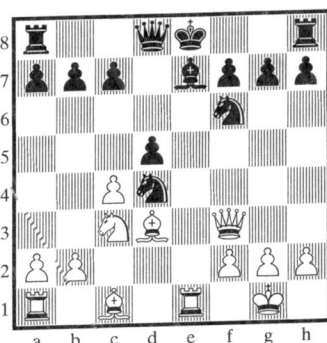

12. Df3–d1!?

In der Partie Lobron – Karpow (Hannover 1983) folgte 12.Dg3 dc4: 13.Lc4: (verlieren würde 13.Dg7: wegen 13....Sf3+ 14.Kh1 Tg8 15.Df6: Se1:) 13....0-0 14.Lg5 Ld6 (14....Sc2 15.Te7:!) 15.Dh4 h6! 16.Lf6: Df6: 17.Df6: gf6: 18.Te4 c5 19.Th4 Kg7 20.Se4 Le7 21.Sg3 f5 22.Th3 Ld6 23.f4 b5 24.Ld3 c4 25.Lf5: Tfe8. Weiß hatte den Bauern zwar zurückgewonnen, doch der Stellungsvorteil von Schwarz war so groß, daß er ihn leicht zum Sieg führte. Das Damenmanöver nach d1 ist ohne Zweifel eine Verstärkung, obwohl – wie sich bald herausstellen wird – nicht sehr gefährlich für Schwarz.

12. ... Sd4–e6!

So kann die Stellung vereinfacht werden. Nach 12....dc4: 13.Lc4: 0-0 (13....c5 14.Da4+) 14.Te7: De7: 15.Dd4: stünde Schwarz am Rande einer Niederlage. Auch nach 12....0-0 13.cd5: oder 12....c6 13.Le3 Se6 14.cd5: Sd5: 15.Sd5: Dd5: 16.Dc2 besitzt Weiß Übergewicht.

13. c4×d5 Sf6×d5
14. Ld3–b5+ c7–c6
15. Sc3×d5 c6×b5

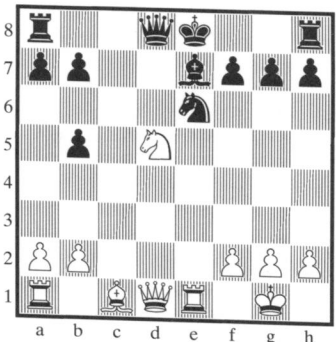

Die Lage hat sich entspannt. Weiß besitzt einen mächtigen Springer im Zentrum, Schwarz einen verdoppelten Mehrbauern. Eines kompensiert das andere, und deshalb läuft alles auf ein schnelles Remis hinaus.

16. Dd1–b3

Verlockend sah 16.Lf4 aus, wodurch die schwarze Rochade verhindert werden soll: 16....0-0 (16....Ld6 17.Ld6: Dd6: 18.Sf6+ Ke7 19.Sd5+ Kf8 20.Df3, und der schwarze König bleibt im Zentrum stecken, auf 16....Tc8 folgt unangenehm 17.Le5!) 17.Se7:+ De7: 18.Ld6. Aber Schwarz geht allen Problemen aus dem Wege, wenn er kühn mit 16....Sf4: fortsetzt. Weiter könnte geschehen: 17.Te7:+ Kf8 18.Te5 Dd6! 19.Tf5 Td8 20.Tf4: usw.

16. ... 0-0

Für die Verteidigung des Bauern bleibt keine Zeit: 16....a6 17.Le3 0-0 18.Tad1 mit totalem Druck.

17. Sd5×e7+

Auf 17.Db5: ist gut 17....Lc5 zu spielen.

17. ... Dd8×e7

18. Db3×b5 a7–a6

Genauer als sofort 18....Tfd8 19.Le3 Dd7 20.Dd7: Td7: 21.Tad1.

19. Db5–b3 Tf8–d8

20. Lc1–e3 Ta8–c8

Zum Ausgleich würde 20....b5 führen.

21. Ta1–c1 h7–h6

22. h2–h3 Se6–d4

Remis

Nach 23.Ld4: Tc1: 24.Tc1: Td4: sind die Kampfreserven beider Seiten erschöpft.

Partie Nr. 12
Kasparow – Karpow
6. WM-Partie
London 1986

1.	e2–e4	e7–e5
2.	Sg1–f3	Sg8–f6
3.	Sf3×e5	d7–d6
4.	Se5–f3	Sf6×e4
5.	d2–d4	d6–d5
6.	Lf1–d3	Sb8–c6
7.	0-0	Lc8–g4
8.	c2–c4	Se4–f6
9.	Sb1–c3	Lg4×f3
10.	Dd1×f3	Sc6×d4
11.	Df3–e3+	

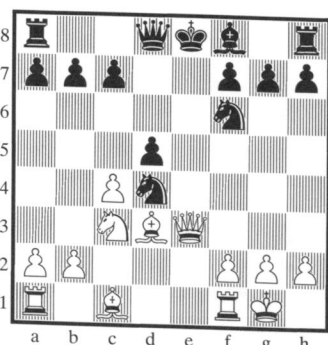

Bis hierhin wurde die 15. Partie des vorausgegangenen WM - 'Matchs wiederholt. Mit seinem letzten Zug präsentierte Kasparow ein zu Hause vorbereitetes Manöver. Dabei gab es dieses Damenschach von e3 aus schon ein Jahr zuvor, so daß ich nicht allzusehr überrascht wurde.

11.	...	Sd4–e6
12.	c4×d5	Sf6×d5

Im Falle von 12....Lc5 kann Weiß vorteilhaft mit 13.Df3 Sd4 14.Te1+ Kf8 15.Df4 Sd5: 16.Sd5: Dd5: 17.Dc7: Se6 18.Dg3 Td8 19.Td1 h5 20.h4 abwickeln.

13.	Sc3×d5	Dd8×d5
14.	Ld3−e4	Dd5−b5
15.	a2−a4	

Auf 15.Df3? erwidert Schwarz 15....Sd4.

| 15. | ... | Db5−a6 |

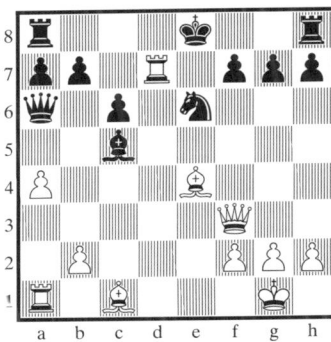

Weiß hat für den Bauern Initiative und das Läuferpaar. Um den Bauern b7 nicht zu verlieren, muß Schwarz eine Reihe von einzigen Verteidigungszügen machen und die Dame an den Brettrand stellen. In der Partie Iwantschuk - Serper (Sotschi 1986), die als Quelle für die vorliegende Idee gilt, folgte 15....Dc5, und nach 16.Lb7: Tb8 17.b4! Db6 (17....De3: 18.Lc6+ Ke7 19.Le3:) 18.Db6: cb6: hatte Schwarz das schlechtere Endspiel: 19.Lc6+ Kd8 20.Td1+ Kc7 21.b5 Td8 22.Td8: Sd8: 23.Ld5 Se6 24.Le6: fe6: 25.Lf4+. Offensichtlich kann als Neuerung in unserem Treffen nicht das Schach der weißen Dame auf e3, sondern der Rückzug der schwarzen Königin nach a6 gewertet werden.

16. Tf1−d1

Das sofortige 16.b4 bringt nichts ein: 16....Lb4: 17.Tb1 Lc5 18.Df3 c6 19.Tb7: 0-0. Im Falle von 16.Df3 Sd4! 17.De3 rät Kasparow Schwarz davon ab, die Qualität gewinnen zu wollen - 17....Se2+

18.Kh1 Sg3+ 19.hg3: Df1:+ 20.Kh2 mit unklarem Spiel. Er empfiehlt 17....0-0-0! mit einem Mehrbauern und vortrefflichen Chancen.

16. ... Lf8-e7

Diese Partie ist von vielen Theoretikern untersucht worden (Dlugy, Makarytschew, Nunn, Timman), aber ich meine, eine wirklich erschöpfende Analyse ist ohne Computer nicht möglich... Interessante Varianten entstehen nach 16....Lc5 17.Df3 c6 18.Td7!?.

Das Turmopfer darf nicht angenommen werden.: 18....Kd7:? 19.Df7:+ Le7 20.Lf5 c5 (auch nicht besser ist 20....De2 21.Le3 oder 20....Dc4 21.Lg5 The8 22.Td1+ Kc7 23.Le7:) 21.Lg5 Dd6 22.Le6:+ De6: 23.Td1+.

Schwarz muß seine Entwicklung unbedingt mit kühlem Kopf abschließen: 18....0-0 19.Ld3 (19.b4 Ld4) 19....Db6 (nicht aber 19....Da5 20.Ld2! Db6 21.b4 Ld4 22.a5 oder 19....b5 20.b4 Lb4: 21.De4) 20.a5 Db4 21.Ld2 Dh4 (schlecht ist 21....Db2: 22.Lc3 Db3 23.Dh5 g6 24 Lg6:) 22.g3 Df6 (22....Dh3 23.Lf5) 23.Df6: gf6: und bei ihm ist alles in Ordnung. So bringt zum Beispiel 24.Tb7: Tfd8 25.Tb3 Sd4 26.Tc3 Lb4 Weiß nichts ein.

17. b2−b4

43

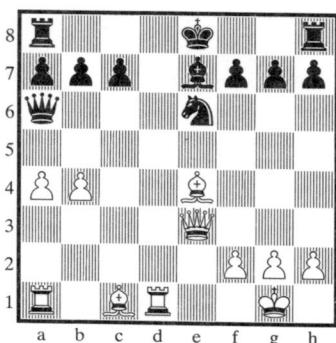

Weiß opfert noch einen Bauern, doch es ist sehr gefährlich, ihn zu schlagen: 17....Lb4: 18.Df3 c6 (18....Sc5 19.Td4) 19.Td7 0-0 20.Dh3 g6 (20....h6 21.Lh6:) 21.Lg6:! hg6: 22.Lb2 Sg7 23.Dh6 mit undeckbarem Matt.

Der andere Weg wäre 18.Lb2 0-0 19.Dh3 g6 (19....f5 20.Lf5: Sg5 21.Db3+ Kh8 22.Td7 usw.) 20.Td3! h5 (20....Sg5 21.Dh6 f6 22.Ld5+ Kh8 23.Dg5:) 21.Dh5:! gh5: 22.Tg3+ nebst Matt.

Neben dem Vorstoß des b-Bauern wurde später auch 17.Df3 praktiziert – siehe folgende Partie.

17. ...   0-0
18. De3–h3

Auf 18.b5 hat Schwarz den starken Zwischenzug 18....Tad8!, und er übernimmt die Initiative. Die gleiche Antwort erfolgt auf 18.Df3.

18. ...   g7–g6

Schlecht ist 18....h6 19.Df5 g6 20.De5 oder 20.Df3 mit den Drohungen Lb7: und Lh6:.

19. Lc1–b2

Auch andere Fortsetzungen bringen Weiß keinen Erfolg:

a) 19.b5 Tad8! 20.Te1 (20.Lh6 Td1:+ 21.Td1: Da4:) 20....Db6;

b) 19.Dc3 Sg5! 20.Lg5: (20.Lb2 Lf6!) 20....Lg5: 21.Dc7: Tad8, und Weiß besitzt nur symbolischen Vorteil.

In der zweiten Variante ist das Springermanöver nach g5 die einzige Verteidi-

gungsmöglichkeit für Schwarz. In der Partie Asejew – Iwantschuk (Irkutsk 1986) versuchte Schwarz nach 19.Dc3 schärfer zu spielen, und zwar 19....c5?!. Nach 20.Lb2 Sd4 21.Ld3 Db6 22.a5 Dc7 23.bc5: Lc5: 24.Lf1 Tfd8 25.Ta4 geriet er in eine vernichtende Fesselung: 25....Tac8 26.Tad4: usw.

19. ...   Da6–c4!

Die Dame ist endlich wieder frei, und damit haben auch die Leiden von Schwarz ein Ende. Nichts taugt 19....Sf4 20.De3! De2 (20....Lg5 21.Kh1) 21.Dd4 f6 22.Lf3!. Nach wie vor darf der Bauer nicht geschlagen werden: 19....Lb4: wegen 20.Td3! mit der tödlichen Drohung 21.Dh7:+ Kh7: 22.Th3+.

20. Td1–d7

Weiß konnte den Bauern zurückgewinnen – 20.Lb7:, aber nach 20....Tad8 hat er gar nichts davon. Natürlich mußte man beim Zug der Dame nach c4 mit 20.Ld5 rechnen, aber Schwarz hat ein wichtiges Tempo, wenn er 20....Dc2 zieht, was ihm mindestens Ausgleich sichert.

20. ...   Ta8–e8!

Das ist zwar der einzige Zug, aber er stoppt den weißen Angriffswirbel. Wie üblich ist der Bauer b4 nicht zu verspeisen: 20....Db4: (20....De4: 21.Dc3 f6 22.Te7: oder 21....Sd4 22.Te1! Df4 23.Td4: Df6 24.Te7: De7: 25.Te4! mit Gewinnstellung für Weiß) 21.Lg6: Sg5 (21....fg6: 22.De6:+ Tf7 23.Lf6! Te8 24.Te1) 22.Lh7:+ Sh7: 23.La3! Dh4 24.Le7: Dh3: 25.gh3: Tfc8 26.Ta3.

21. Le4–d5

Jetzt wird bereits von Weiß Genauigkeit gefordert. Im Falle von 21.Lb7: Db4: 22.La3 Da4: 23.Te7: Te7: 24.Dc3 c5! 25.Lb2 Sd4 26.Ta4: Se2+ 27.Kf1 Sc3: 28.Lc3: Tb7: stünde er mit leeren Händen da.

21. ...   Dc4×b4

22. Lb2–c3

Wenn 22.La3, so 22....Dd4, und 22.Le5 wird gut mit 22....Lf6! 23.Lf6: Sf4 beantwortet.

22. ... Se6–f4!

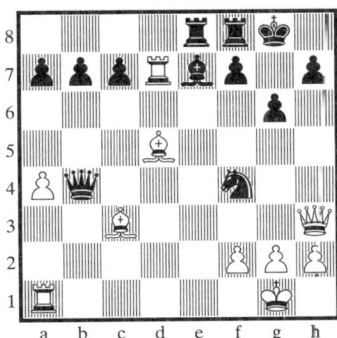

Angesichts der Drohungen Dc3: und Se2+ tauschen sich jetzt die Rollen. Der weiße Angriff ist verebbt, und nach großen Vereinfachungen erhält Schwarz das bessere Endspiel. Dennoch: der Remisausgang ist unvermeidlich.

23.	Lc3×b4	Sf4×h3+
24.	g2×h3	Le7×b4
25.	Td7×c7	b7–b6

Vielleicht war 25....Te5 mit Überführung des Turms nach f5 und Druck auf f2 genauer.

| 26. | Tc7×a7 | Kg8–g7 |
| 27. | Ta7–d7 | Te8–d8 |

Auf 27....Te5 verteidigt sich Weiß mit 28.Ta2! Tf5 29.Tb2 Lc5 30.Tc2! (mit der Drohung a4–a5) 30....Tc8 31.Le6!.

28.	Td7×d8	Tf8×d8
29.	Ta1–d1	Lb4–d6
30.	Td1–d3	h7–h5
31.	Kg1–f1	Td8–d7
32.	Kf1–g2	Ld6–c5
33.	Kg2–f1	h5–h4
34.	Ld5–c4	Td7–e7
35.	Td3–f3	Lc5–d6
36.	Kf1–g2	Te7–c7
37.	Lc4–b3	f7–f5
38.	Tf3–d3	Ld6–c5
39.	Td3–c3	Kg7–f6

40.	Tc3–c4	g6–g5
41.	Tc4–c2	Kf6–e5
42.	Lb3–c4	**Remis.**

Partie Nr. 13
Howell – Iwantschuk
Groningen 1986/87

1.	e2–e4	e7–e5
2.	Sg1–f3	Sg8–f6
3.	Sf3×e5	d7–d6
4.	Se5–f3	Sf6×e4
5.	d2–d4	d6–d5
6.	Lf1–d3	Sb8–c6
7.	0–0	Lc8–g4
8.	c2–c4	Se4–f6
9.	Sb1–c3	Lg4×f3
10.	Dd1×f3	Sc6×d4
11.	Df3–e3+	Sd4–e6
12.	c4×d5	Sf6×d5
13.	Sc3×d5	Dd8×d5
14.	Ld3–e4	Dd5–b5
15.	a2–a4	Db5–a6
16.	Tf1–d1	Lf8–e7
17.	De3–f3	

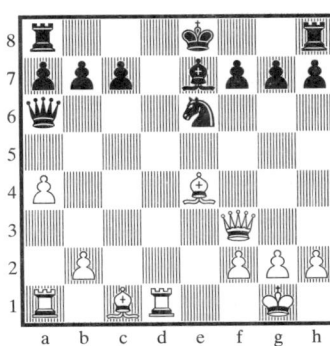

Der aktive Zug 17.b4 brachte Weiß in der 6. Partie des Revanchematchs von London nichts ein. Wie wir gesehen haben, schlug ich dort schnell den Angriff zurück und übernahm die Initiative. Deshalb wurde schon bald darauf ein neuer Versuch unternommen.

Zuerst wurde der Zug 17.Df3 in der Begegnung **Timman – Jussupow (Hilversum 1986)** ausprobiert. Sie dauerte danach nur noch sechs Züge...

17....Td8 18.Ld3

Aufmerksamkeit verdient 18.Td8:+ Sd8: 19.Lf4.

18....Da5

Schlecht für Schwarz wären 18....Sd4 19.Dg4! (genauer als 19.Dg3 Se2+ 20.Le2: De2: 21.Td8:+ Ld8: 22.Le3 0-0 23.Ld4) 19....Df6 20.Le3 Se6 21.De4! und auch 18....Db6 19.Le3 Db2: 20.Tab1 Da3 (es mußte 20....Dc3 gespielt werden) 21.Db7: 0-0 22.De4 g6 23.La7:.

19.Ld2

Jetzt verliert 19.Db7: unerwartet wegen 19....Td3:!.

19....Lb4 20.Le3 0-0

Falls 20....c6, so behält Weiß die Initiative: 21.De4 g6 22.Lc4 Td1:+ 23.Td1: Df5! 24.Df5: gf5: 25.La7: Ke7 26.Lb6. Jetzt klärt sich das Spiel augenblicklich.

21.Db7: Sc5 22.Lc5: Lc5: 23.Db5 Remis.

Also ist der Zug 17....Tad8 nicht übel, aber Iwantschuk wählt eine giftige Fortsetzung, die nicht nur brav als bescheidene Verteidigung des Bauern b7 zu verstehen ist.

| 17. | ... | Ta8–b8! |
| 18. | b2–b4 | |

Nach 18.Dh3 konnte die Partie in Gleise der untersuchten Begegnung Kasparow – Karpow (London 1986) übergehen.

| 18. | ... | 0–0 |
| 19. | Td1–d7? | |

Notwendig war 19.Lb2. Nach dem fehlerhaften Einfall des weißen Turms auf d7 gewinnt das Auftauchen des schwarzen auf d8 an Stärke.

| 19. | ... | Tb8–d8! |

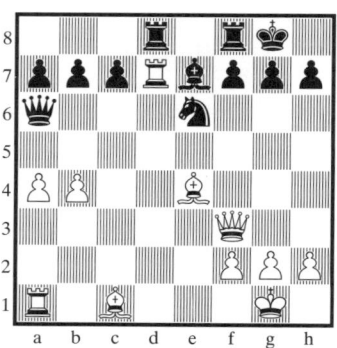

20. Le4×b7

Es zeigt sich, daß der Le7 nicht zu nehmen ist. Iwantschuk gibt dazu folgende Variante an: 20.Te7:? Dd6 (stärker als 20....Sd4 21.Lh7:+ Kh8 22.Dd3 Se2+ 23.Te2: Td3: 24.Ld3: Dd3: 25.Te1) 21.La3 De7: 22.b5 Sc5 23.Lh7:+ (23.Te1 g6!) 23....Kh7: 24.Df5+ (24.Dh5+ Kg8 25.Lc5: Df6!) 24....g6 25.Lc5: De2! und Schwarz hat die Oberhand gewonnen.

Unverwundbar ist der Läufer auch in anderen Abspielen: 20.Ld3 Dc6 21.Dh3 g6 22.Te7: Dc3! 23.Te6: Td3: bzw. 20.b5 Da5! 21.Ld2 Lb4 22.Td8: Td8: 23.Le3 Lc3.

| 20. | ... | Da6–c4 |
| 21. | Td7×d8 | |

Jetzt würde auf 21.Te7: das effektvolle 21....Dd4! oder aber 21....Dc3! entscheiden.

21.	...	Tf8×d8
22.	Lc1–e3	Dc4×b4
23.	Lb7–e4	

Schlecht wäre 23.La7: c5 24.a5 Lf6 oder 23.Ld5 Lf6 24.Tc1 Da4: 25.Le6: fe6: 26.g3 Le5 (Iwantschuk).

| 23. | ... | Le7–c5 |
| 24. | Le3×c5 | |

Hartnäckiger geschah 24.Ld5 Le3: 25.Le6: Lf2:+ 26.Df2: fe6: 27.Da7: c5 28.Tf1 Dd4+ 29.Kh1 Df4 30.Kg1 De3+ 31.Kh1 h6, obwohl Schwarz dann einen gesunden Mehrbauern behält.

| 24. | ... | Db4×c5 |

| 25. | h2–h4 | Dc5–d4 |
| 26. | Ta1–e1 | Dd4×a4 |

Den technischen Teil erledigt Iwantschuk einfach und überzeugend.

| 27. | h4–h5 | |

Auch die Fortsetzung 27.Lh7:+ Kh7:
28.Df7: Td6! 29.Df5+ g6 30.Df7+ Sg7
rettet Weiß nicht.

27.	...	Se6–g5
28.	Df3–f5	Sg5×e4
29.	Te1×e4	Da4–d1+
30.	Kg1–h2	g7–g6
31.	h5×g6	h7×g6
32.	Df5–g5	Td8–d5
33.	Dg5–f6	Dd1–h5+
34.	Te4–h4	Dh5×h4+!
	Weiß gab auf.	

Partie Nr. 14
Kupreitschik – Jussupow
Minsk 1987

1.	e2–e4	e7–e5
2.	Sg1–f3	Sg8–f6
3.	Sf3×e5	d7–d6
4.	Se5–f3	Sf6×e4
5.	d2–d4	d6–d5
6.	Lf1–d3	Sb8–c6
7.	0–0	Lc8–g4
8.	c2–c4	Se4–f6
9.	Sb1–c3	

Damit sind wir also wieder zu der scharfen und begeisternden Variante zurück-
gekehrt, die mit einem Bauernopfer verbunden ist. Die in der 54. UdSSR-
Meisterschaft gespielte Partie ist die
bislang wichtigste in diesem Abspiel.

| 9. | ... | Lg4×f3 |
| 10. | Dd1×f3 | Sc6×d4 |

Um den Leser nicht zu verwirren, rufen
wir uns, ehe wir die Neuerung Kupreit-
schiks zeigen, die Informationen ins

Gedächtnis zurück, die bis zu dieser
Partie vorlagen.

Nach 11.Te1+ Le7 12.Dd1 kommt es zu
einer Stellung aus der 15. WM-Partie
Kasparow – Karpow 1985, die remis
endete. Nach 12.Dg3 dc4: 13.Lc4: 0-0
14.Lg5 Ld6 haben wir die Partie Lobron
- Karpow (Hannover 1983) vor uns, in
der Schwarz ebenfalls keinerlei Schwierigkeiten hatte. Kaum Erfolg dürfte das
sofortige 11.Dg3 haben, worauf
11....Se6 geschieht, und Schwarz gewinnt dank des Zuges Lf8-d6 ein
Tempo.

In der 6. WM-Partie 1986 servierte mir
Kasparow die Überraschung 11.De3+,
und nach 11....Se6 12.cd5: Sd5:
13.Sd5: Dd5: 14.Le4 Db5 15.a4 Da5
16.Td1 Le7 17.b4?! 0-0 18.Dh3 g6 hatte
Schwarz den Angriff abgewehrt und
»forderte« von einer Position der Stärke
aus Remis. In der Begegnung Timman –
Jussupow (Hilversum 1986) versuchte
Weiß, eine Verstärkung anzubringen. Er
spielte anstelle des Vorstoßes b2-b4
17.Df3, aber nach 17....Td8 endete die
Partie auch schnell Remis. Schwarz
fand sich aber nicht damit ab, und in
dem Treffen zwischen Howell und
Iwantschuk (Groningen 1986/87), das
unsere Partie 13 war, fand er in 17....Tb8
ein probates Mittel, um die Initiative zu
kämpfen. Der Bauer wird verteidigt, und
Weiß muß darüber nachdenken, wie er
sein Material wieder zurückbekommt.
Nach 18.b4 riß Schwarz die Initiative an
sich und behielt die Oberhand.

Man kann also die Schlußfolgerung ziehen, daß 11.De3+ ungefährlich für
Schwarz ist, ebenso wie 11.Te1+. Kupreitschik unternimmt hier einen noch
energischeren Versuch, nachzuweisen,
daß das Bauernopfer begründet ist, und
das gegen einen der besten Kenner der
Russischen Partie.

| 11. | Df3–h3! | |

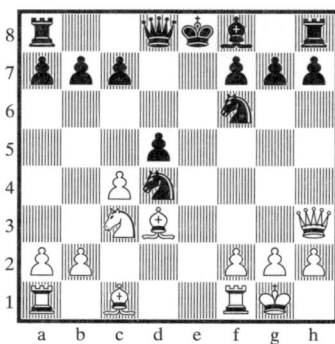

Es ist interessant, daß dieser Zug von I. Saizew und mir empfohlen wurde. Schwarz hat ein Tempo für den Zug Lf8-e7 und Weiß für die Antwort Tf1-e1 eingespart!

11. ... d5×c4

Kaum gut für Schwarz ist 11....c6 12.Te1+ Le7 13.Lg5 Se6 14.Lf6: Lf6: 15.cd5: cd5: 16.Lf5 oder 13....dc4: 14.Lf6: gf6: 15.Lc4: mit mehr als ausreichender Kompensation für den Bauern. Nach 11....Le7 12.Lg5 dc4: 13.Lc4: erreichen wir eine Stellung aus der vorliegenden Partie, und im Falle von 12.Te1 dc4: 13.Lc4: 0-0 (13....Sc2!?) 14.Lg5 h6 15.Lh6: gh6: 16.Dh6: entsteht ein scharfes Spiel, bei dem es schwierig ist, einer Seite den Vorzug zu geben. Stärker ist allerdings 12.cd5: Sd5: 13.Te1 Se6 14.Lg6 Sdf4 15.Lf4: Sf4: 16.Lf7:+ Kf7: 17.Df5+. Weiß gewinnt den Bauern zurück und bewahrt die Initiative im Zentrum.

12. Ld3×c4

Interessant ist auch 12.Te1+ Se6 13.Lg6.

12. ... Lf8-e7

Ein bequemer Damentausch läßt sich nicht erreichen: 12....Dd7 13.Te1+ Le7 (13....Kd8 14.Dd7:+ Kd7: 15.Td1 c5 16.Lf7: gewinnt den Bauern zurück, und das Läuferpaar bleibt erhalten) 14.Dd7:+ Sd7: 15.Sd5 Se6 16.Te6:! und Weiß dominiert.

13. Lc1-g5 0-0

14. Ta1-d1 c7-c5
15. Tf1-e1

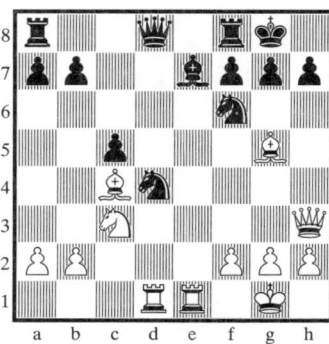

Gefährlich für Schwarz ist jetzt 15....Te8 16.Lb5 (16.Ld3 Dc8 17.Dh4 h6 18.Lh6: Sf5 mit unklarer Stellung) 16....Sb5: 17.Td8: Ld8: 18.Te8:+ Se8: 19.Ld8: Td8: 20.Kf1. Bei materiellem Gleichgewicht hat Weiß mit seiner beweglicheren Dame Vorteile.

15. ... h7-h6
16. Lg5×h6

Das Läuferopfer bietet sich an, aber auch der taktische Einschlag 16.Te7:! ist zu überdenken, wonach 16....hg5: (16....De7: 17.Sd5 usw.) 17.Tb7: folgt, und die weißen Chancen sind besser.

16. ... g7×h6
17. Dh3×h6 Sf6-h7
18. Td1-d3 Le7-g5
19. Dh6-h5

Nach 19.Tg3 Sf5 20.Dg6+ Sg7 gelingt es nicht, die schwarze Festung zu nehmen.

19. ... Dd8-f6
20. Td3-g3

Stärker ist 20.Th3! Dg7 21.f4 Lf4: 22.Sd5 Lg5 23.Se7+ Le7: 24.Te7: mit gefährlichen Drohungen. Der Meister J. Motschalow schlägt dieses Abspiel vor: 24....Sf6 25.Dc5: Sg4 26.Tg3 Tac8 27.Lf7:+ Kh8 28.Th3+ Sh6 29.Th6:+ Dh6: 30.Dd4:+ Dg7 31.Dh4+ Dh7 32.Dh7:+ Kh7: 33.Le6+ mit Gewinn.

20. ... Ta8-e8

Jetzt konnte Schwarz genauer spielen, und zwar 20....Sf5!. Nach 21.Se4 Dg7 22.Tg4 (22.Tg5: Sg5: 23.Sg5: Sd6!) 22....Sh6! 23.Tg3 Sf5 könnten sich beide Partner auf Remis durch Zugwiederholung einigen.

21. Sc3–e4 Kg8–h8

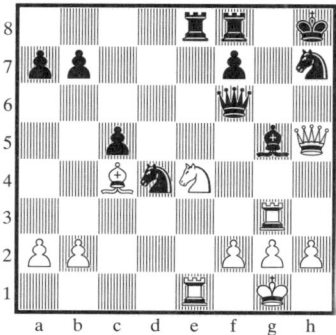

Jussupow meint, dies war der entscheidende Fehler, und richtig wäre 21....Kg7! gewesen. Die Lage auf dem Brett ist sehr angespannt, und in so einem scharfen Kampf sind beiderseitige Ungenauigkeiten oft nicht zu vermeiden.

22. h2–h4 Te8×e4

Auch nicht besser ist 22....Dh6(g6) 23.Tg5: oder 22....Lh4: 23.Sf6: Te1:+ 24.Kh2.

23. Te1×e4 Lg5–f4
24. Tg3–g4 Lf4–h6

Nichts hilft 24....Ld6 25.Td4:! cd4: 26.Ld3. Schwarz hat zwar mehr Material, aber seine Streitkräfte sind zerstreut...

25.	Dh5×c5	Sd4–c6
26.	Dc5–h5	Df6–d6
27.	Lc4×f7	Dd6–d1+
28.	Kg1–h2	Dd1–d6+
29.	f2–f4	Dd6–c7
30.	Lf7–b3	Dc7–d6
31.	Te4–e8	Lh6×f4+
32.	g2–g3	Lf4×g3+
33.	Kh2–h3	

Schwarz überschritt die Zeit. Matt wäre ohnehin nicht zu vermeiden gewesen.

Diese Partie wurde einige Jahre lang als Schlußpunkt der Diskussion um den Zug 11.Dh3 angesehen, der da hieß, Weiß hat gefährliche Initiative. Aber in einer Partie Howell – van Kemenade (England 1991) brachte Schwarz die wertvolle Neuerung 11....Se6! ein. Es schlossen sich Vereinfachungen an: 12. cd5: Sd5: 13. Te1 Sc3: 14. bc3: Df6 15. Lf5 Le7 (Howell schlägt hier 15....0-0-0!? 16.Le6:+ fe6: 17.Te6: Kb8! mit gutem Spiel für Schwarz vor) 16.Le3 h6 17.Le6: fe6: 18.Ld4 Df7 19.Te6: 0-0. Hier hätte 20.Dg4 Lg5 21.h4 Lh4: 22.Lg7: Lf2:+ 23.Kh1 h5 24.Dg5 Df5 25.Tg6 Dg5: 26.Tg5: Tf7 Ausgleich ergeben, aber Howells Zug 20.Dg3? führte zur Katastrophe: 20....Lh4! 21.Dh4: De6: und Schwarz hatte eine Gewinnstellung.

Partie Nr. 15
Timman – Jussupow
Tilburg 1986

1.	e2–e4	e7–e5
2.	Sg1–f3	Sg8–f6
3.	Sf3×e5	d7–d6
4.	Se5–f3	Sf6×e4
5.	d2–d4	d6–d5
6.	Lf1–d3	Sb8–c6
7.	0–0	Lc8–g4
8.	c2–c4	Se4–f6
9.	c4×d5	

Wenn die Fortsetzung 9.Sc3 Lf3: 10.Df3: Sd4:, wie wir wissen, zu scharfen taktischen Verwicklungen führt, so kann der Tausch auf d5 als positionelle Lösung des Stellungsproblems betrachtet werden.

9.	...	Lg4×f3
10.	Dd1×f3	Dd8×d5
11.	Df3–e2+	

Eine Neuerung, die Jussupow speziell für das Kandidaten-Halbfinale vorbereitet hatte. Nach 11.Te1+ Le7 würde genau die gleiche Stellung entstehen, die uns bereits aus der 28. WM-Partie Kasparow – Karpow (Moskau 1984) bekannt ist und die nach 12.Dh3 Sd4: 13.Sc3 Dd7 14.Dd7:+ Kd7: schnell remis endete.

| | 11. | ... | Lf8–e7 |
| | 12. | Ld3–b5 | Dd5–d6! |

Das Schlagen des Bauern 12....Dd4: wäre sehr riskant, denn darauf spielt Weiß 13.Sc3 und bekommt gefährliche Initiative.

13. Sb1–c3

Es versteht sich, daß 13.Te1 0-0 14.Lc6: bc6: 15.De7: wegen 15....Tfe8 schlecht ist, und Schwarz gewinnt.

| | 13. | ... | 0–0 |
| | 14. | Lb5×c6 | b7×c6 |

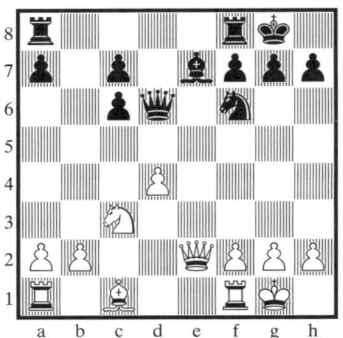

15. Lc1–e3

Weiß befestigt seinen Bauern d4 und hofft, später die Schwäche des gegnerischen Doppelbauern auf der c-Linie ausnutzen zu können. Zu dieser Stellung kehren wir nach der Partie noch zurück.

| | 15. | ... | Sf6–d5 |
| | 16. | Ta1–c1 | Tf8–e8 |

Die andere halboffene Linie besetzte Plaskett in zwei Partien: 16....Tab8 17.b3 Se3: 18.De3: Tfd8 19.Tfd1 c5 (19....Lf8 20.g3 mit starkem Druck auf die schwarze Stellung, Mestel - Plaskett, London 1986) 20.d5 Lf8 21.Se4 und Weiß besaß deutliches Übergewicht (Short – Plaskett, London 1986).

17. Sc3×d5!

Eine ungewöhnliche Entscheidung. Schwarz erhält jetzt die Möglichkeit, seinen Doppelbauern aufzulösen, aber nach 17....cd5: 18.Dc2 und dann 19.Dc6 hat er keinerlei Gegenspiel. Auf den Zug von Weiß erwidert Schwarz aber ebenso überraschend...

	17.	...	Dd6×d5!
	18.	De2–c4	Le7–d6
	19.	b2–b3	

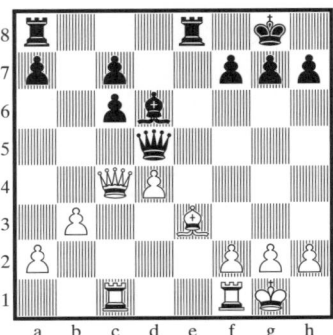

Auf 19.Dc6: folgt 19....Da2:.

| | 19. | ... | Te8–e6 |
| | 20. | g2–g3 | |

Der Bauer ist noch tabu: 20.Dc6:? Lh2:+.

| | 20. | ... | Dd5–f5 |

Dieses rein positionelle Bauernopfer hat Jussupows Trainer, der Internationale Meister M. Dworezki, mit dem Bauernopfer im Marshall-Angriff verglichen. Geringes materielles Übergewicht des Gegners wird durch die Aktivität der schwarzen Figuren wettgemacht. Im Falle von 20....Tae8 würde Weiß natürlich den Bauern nicht schlagen, sondern sich mit dem ruhigen 21.Dd5: cd5: 22.Tc6 zufriedengeben. Aufmerksamkeit verdient auch der Zug 20....Dh5.

21. Dc4–c2

Nach 21.Dc6: Tae8 22.d5 Te4 23.Lc5 h5 besitzt Schwarz ausreichende Kompensation für den Bauern. Durch seinen Zwischenzug vertreibt Timman die feindliche Dame von dem günstigen Standplatz f5.

21.	...	Df5–h5
22.	Dc2×c6	Ta8–e8
23.	Dc6–g2	Te6–e4
24.	Tf1–e1	Dh5–f5

Nutzlos wäre 24....Lb4 wegen 25.Ld2!, womit Weiß die Schwäche der Grundreihe ausnutzt. Allerdings lohnte es, den von Timman angestrebten Turmtausch mittels 24....Da5! 25.a4 h5 oder 25.Te2 Df5 nebst h7-h5 zu verhindern. Dann müßte Weiß bereits sehr genau spielen, um Unannehmlichkeiten zu vermeiden.

25.	Le3–d2	h7–h5
26.	f2–f3	Te4×e1+
27.	Tc1×e1	Te8×e1+
28.	Ld2×e1	Df5–d3
29.	Dg2–f2	Ld6–a3!

Der weiße Mehrbauer ist nicht zu spüren.

30.	Kg1–g2	La3–c1
31.	Df2–f1	Dd3×d4
32.	Df1–e2	

Gefährlicher für Schwarz wäre 32.Lf2 Le3 (32....Db2 33.Db5!) 33.De2 Lf2: 34.Df2:, wodurch der Übergang ins Bauernendspiel erzwungen wird – 34....Db6 35.Db6: ab6:. Wie freilich Timmans Sekundant, der schwedische Großmeister Ulf Andersson, feststellte, hat Weiß auch in diesem Endspiel keine Gewinnchance: 36.Kf2 Kf8 37.Ke3 Ke7 38.Kf4 Kd6!.

32.	...	Dd4–b2
33.	De2×b2	Lc1×b2
34.	g3–g4	g7–g6

Nicht aber 34....hg4: 35.fg4: und Weiß bildet einen entfernten Freibauern.

35.	g4×h5	g6×h5

Im Läuferendspiel stellt die Schwäche der schwarzen Bauern am Damenflügel einen gewissen Vorteil für Weiß dar, obwohl dieser zum Sieg nicht ausreicht. Durch weiteren Bauerntausch erleichtert Timman noch die Aufgabe seines Gegners.

36.	Kg2–g3	Lb2–e5+

37.	Kg3–h4	Le5×h2
38.	Kh4×h5	Lh2–d6
39.	Kh5–g5	Kg8–f8
40.	Kg5–f5	Kf8–e8
41.	Le1–c3	c7–c6
42.	Lc3–e5	Ld6–e7
43.	Le5–d4	
	Remis.	

In dieser Partie ließ sich also das interessante positionelle Spiel von Weiß in Verbindung mit dem feindlichen Doppelbauern auf der c-Linie und dem Tausch auf d5 nicht zum Gewinn realisieren.

Eine Verstärkung bereitete der englische Großmeister Nigel Short vor. Kehren wir deshalb zur Diagrammstellung nach dem 14. Zug von Schwarz zurück.

Short – Olafsson (Reykjavik 1987): 15.Td1! (Offensichtlich ein genaueres Mittel, um den d-Bauern zu schützen, als 15.Le3) 15....Tfe8 16.Df3 Sd5 17.Sd5: Dd5: (Diesmal tauscht Weiß gern die Damen) 18.Dd5: cd5: 19.Lf4 c6?

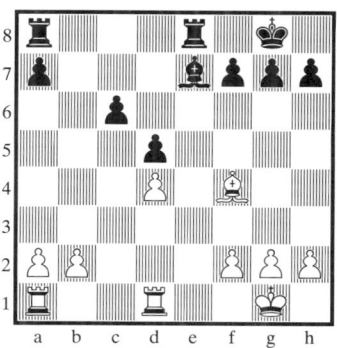

Seltsamerweise ist das schon der entscheidende Fehler von Schwarz. Ein passiver Zug brachte ihn in eine kritische Lage. Beachtung verdiente hier das aktive 19....Lf6 20.Lc7: Te4.

Jetzt realisiert Short seinen positionellen Vorteil technisch gekonnt.

20.Tac1 Tac8 21.Kf1 f6 22.Td3 Kf7 23.f3
Lf8 24.Tb3 h5 25.h4 Te6 26.a4 Ke8
27.Te1 Te1:+ 28.Ke1: c5 29.dc5: Lc5:
30.Tb7 Ld4 31.Kd2 Lb6 32.b4! Tc4
33.Ld6 g5 34.a5 Lg1 35.hg5: fg5: 36.b5
Ta4 37.a6 Ta2+ 38.Kd3 Kd8 39.Lb8
Ta3+ 40.Kc2 Ta5? 41.Lc7+ Schwarz
gab auf.

Bald darauf konnte die Ehre von
Schwarz aber wieder gerettet werden,
und zwar schon im 16.Zug: 16....Tab8!
(anstelle von 16....Sd5) 17.b3 Dd7 18.d5
cd5: 19.Sd5: Sd5: 20.Td5: Lf6 21.Le3
Dd5: 22.Dd5: La1: 23.g3 a6 24.Dc6 Te6
25.Dc7: Le5 26.Dc4 h5 27.b4 Ld6 28.a3
Lf8! und Schwarz hielt stand (Lobron –
Georgiew, San Bernardino 1987).

Partie Nr. 16
Sax – Kortschnoi
Wijk aan Zee 1990

1.	e2–e4	e7–e5
2.	Sg1–f3	Sg8–f6
3.	Sf3×e5	d7–d6
4.	Se5–f3	Sf6×e4
5.	d2–d4	Lf8–e7

Üblicherweise spielt man gleich 5....d5.

| 6. | Lf1–d3 | d6–d5 |

Früher wurde 6....Sf6 gezogen und der
Bauer verblieb auf d6. In der 5. Match-
partie Fischer - Petrosjan (Buenos Aires
1971) entwickelte sich nach 7.h3 0-0
8.0-0 Te8 9.c4 Sbd7 10.Sc3 c6 11.Te1
Sf8 12.Lf4 a6 13.Db3 Se6 ein kompli-
zierter Kampf mit etwa gleichen Chancen. Später wurde aber festgestellt, daß
13.b4! Weiß einen spürbaren Vorteil
gibt.

| 7. | 0–0 | 0–0 |
| 8. | c2–c4 | Se4–f6 |

Kortschnoi verzichtet darauf, mit
8....Sc6 direkt auf das Zentrum ein-
zuwirken, und ruft seinen Springer zurück.

9. h2–h3

Ein guter vorbeugender Zug. Andere
Fortsetzungen erlauben dem Gegner,
den Springer f3 zu fesseln.

9. ... d5×c4

Nach 9....Sc6 10.Sc3 wäre mit Zugumstellung eine Position aus der Partie Kasparow - Karpow (1, 48) entstanden. Ich
schlug den Bauern c4 und Weiß erhielt
eine geringe Überlegenheit. Kortschnoi
bevorzugt den sofortigen Bauerntausch, entwickelt das Pferd über d7
und b6, um das Blockadefeld d5 zu be-
festigen.

10.	Ld3×c4	Sb8–d7
11.	Sb1–c3	Sd7–b6
12.	Lc4–b3	Sb6–d5
13.	Tf1–e1	c7–c6
14.	Lc1–g5	Lc8–e6

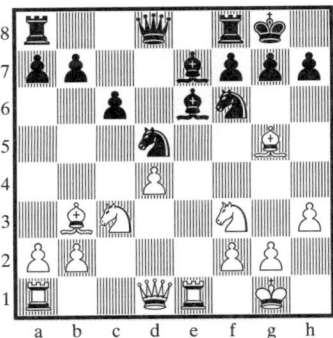

Wie spitzfindig Eröffnungsvarianten
doch sein können! Auf dem Brett haben
wir eine Stellung aus dem Angenomme-
nen Damengambit, die nach den Zügen
1.d4 d5 2.c4 dc4: 3.e3 e5 4.Lc4: ed4:
5.ed4: Sf6 6.Sf3 Le7 7.0-0 0-0 8.h3
Sbd7 9.Sc3 Sb6 10.Lb3 Sbd5 11.Te1 c6
12.Lg5 Le6 entsteht. Um diese zu erreichen, benötigten die Gegner zwei Züge
mehr! Hier könnte man eigentlich ein-
halten und den Leser auf eine Monogra-
phie zum Damengambit verweisen,
aber das entspricht nicht unseren Re-
geln. (Wir nutzten einige Anmerkungen
des Meisters A. Slotschewski).

15. Ta1–c1

In der Begegnung Rasuwajew – Bagirow (Jaroslawl 1982), in der das Damengambit gespielt wurde, geschah 15.Se5 Sc7 (oder 15....Sc3: 16.bc3: Lb3: 17.Db3: Tb8 18.Lf4 mit etwas Vorteil) 16.Lc2 Te8 17.Dd3 g6 18.Df3 mit Angriffsaussichten.

15. ... Tf8–e8

Im ersten Moment scheint es, als ob Schwarz keine Probleme hätte. Die leichten Figuren sind alle entwickelt, der Punkt d5 ist zuverlässig blockiert und der Bauer auf d4 könnte bald ein gutes Angriffsziel abgeben. Es ist jedoch nicht ganz so einfach. Weiß hat ein freies Figurenspiel, und seine Springer können die herrlichen Aufmarschstützpunkte e5 und c5 besetzen. Zweifelsfrei gehört die Initiative dem Anziehenden.

16. Sf3–e5 Sf6–d7

Schwarz strebt vernünftigerweise Vereinfachungen an.

17. Lg5×e7 Te8×e7
18. Sc3–e4 Sd7–f8

Nach 18....Se5: 19.de5: könnte sich Weiß von seinem Isolani befreien und für den Springer das Feld d6 anvisieren.

19. Se4–c5 Dd8–e8

Besser ist 19....Tc8 nebst 20....Dd6 oder 20....Da5. Auf e8 gerät die Dame ungünstigerweise ins Visier des gegnerischen Turms.

20. Dd1–f3 Ta8–d8?

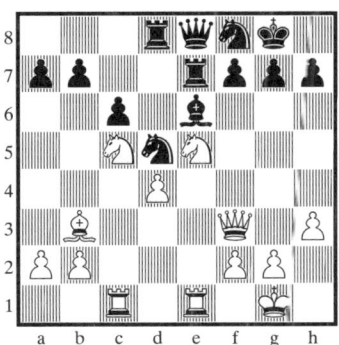

Es ist schwer zu sagen, ob die Stellung, die im Ergebnis der nachfolgenden Kombination von Weiß entsteht, auf ein Versehen oder auf eine falsche Lageeinschätzung zurückzuführen ist. Besser war es für Schwarz jedenfalls, seinen Fehler einzugestehen und den vorausgegangenen Damenzug zurückzunehmen: 20....Dd8.

21. Sc5×b7! Te7×b7
22. Se5×c6

Wegen der Drohung 23.Ld5: Td5: 24.Dd5: ist Schwarz gezwungen, Turm und zwei Bauern für zwei Leichtfiguren zu geben.

22. ... Tb7×b3
23. Df3×b3 Td8–d7
24. Db3–a3

Eventuell strebten beide Gegner diese Stellung an. Materiell bleibt das Gleichgewicht gewahrt. Die weißen Figuren stehen aktiver, und seine Bauern am Damenflügel sind zum Vormarsch bereit.

24. ... De8–a8
25. b2–b4 Sf8–g6
26. b4–b5 h7–h6
27. Da3–f3 Da8–b7

Es geht nicht 27....Sf6 und 28....Ld5 wegen 28.Se7+.

28. Tc1–c5! Sd5–f6
29. a2–a4 Le6–d5
30. Df3–g3! Sf6–e4
31. Dg3–b8+ Db7×b8
32. Sc6×b8 Se4×c5
33. Te1–e8+!

Dies ist ein wichtiges Zwischenschach; auf sofortiges 33.dc5: hätte Schwarz noch gut mit 33....Td8 erwidern können.

33. ... Kg8–h7
34. d4×c5 Td7–e7

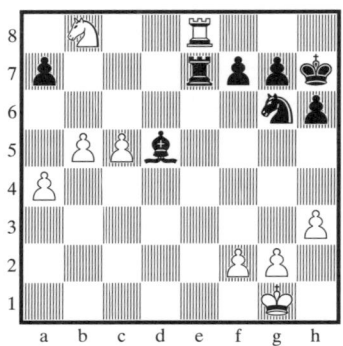

43.	Sd5–e3	h6–h5
44.	Kg1–h2	g7–g6
45.	Kh2–g3	Ke5–d4
46.	Kg3–f4	f7–f6
47.	g2–g4	

Schwarz gab auf.

Auf 47....hg4: reicht 48.Sg4: f5 49.Se5 usw.

Sax hat seinen Vorteil umgewandelt: Weiß hat nun zwei Bauern für die Figur, und seine verbundenen Freibauern am Damenflügel sehen furchteinflößend aus. Die einzigste Chance, das gegnerische »Fußvolk« aufzuhalten, besteht im Turmtausch.

35.	Te8×e7	Sg6×e7
36.	a4–a5	Kh7–g6

Mit dem entfernten König können die Bauern nicht aufgehalten werden.

37. a5–a6!

Schwer zu entscheiden, welcher Bauer zur Dame gehen soll. Sax behandelt das Endspiel überaus exakt.

37. ... Se7–c8

Bei 37....Kf5 38.b6 Ke6 39.b7 geriete Schwarz in Zugzwang. Nach dem vorbereitenden f2-f3 könnte der weiße König entscheidend am Damenflügel eingreifen.

38. Sb8–d7 Kg6–f5

Es half nicht 38....Le6 angesichts von 39.b6! Ld7: 40.b7.

39.	b5–b6	Sc8–e7
40.	b6×a7	

Falls 40.b7?, so 40....Sc6 41.b8D Sb8: 42.Sb8: Ke6 und der Springer bleibt in der Ecke stecken.

40.	...	Se7–c8
41.	Sd7–b6	Sc8×a7
42.	Sb6×d5	

Hier könnte man einen Schlußpunkt setzen.

42. ... Kf5–e5

**Partie Nr. 17
Timman – Salow
Saint John 1988**

1.	e2–e4	e7–e5
2.	Sg1–f3	Sg8–f6
3.	Sf3×e5	d7–d6
4.	Se5–f3	Sf6×e4
5.	d2–d4	d6–d5
6.	Lf1–d3	Lf8–d6
7.	0–0	0–0

Diese als symmetrisch bezeichnete Variante war schon lange bekannt, bevor die Eröffnung ihren Namen erhielt. In den letzten Jahren gewann sie wieder an Popularität, darunter auch auf Großmeisterniveau. Schwarz verzichtet auf aktive, etwas riskante Aktionen, die mit dem Angriff auf das Zentrum mittels Sb8-c6 verbunden sind und ist bemüht, seine Stellung mit c7-c6 zu stabilisieren.

8. c2–c4 c7–c6

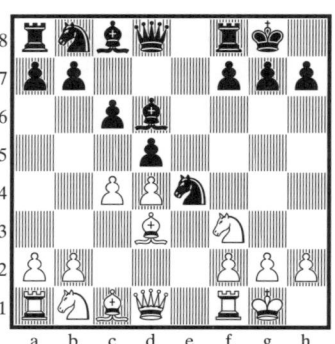

Hier hat Weiß drei Hauptfortsetzungen zur Verfügung – 9.Dc2, 9.Sc3 und 9.cd5: (die letzten beiden führen häufig zur Zugumstellung, die für Schwarz ungefährliche Fortsetzung 9.Te1 trifft man gegenwärtig seltener an). Dementsprechend verteilt sich das Material zur symmetrischen Variante auf drei Partien...

9. Dd1–c2 Sb8–a6

Nach 9....f5 könnte Weiß am Damenflügel Raumgewinn erzielen, z.B. 10.Sc3 Sa6 11.a3 Sc7 12.c5 Le7 13.Lf4 g5 14.Lc7: Dc7: 15.Tad1 g4 16.Se1 Lg5 17.g3 (Burkow – Warlamow) oder 10.c5 Lc7 11.Sc3 Sd7 12.Se2 De8 13.Lf4 Ld8 14.Se5 Lf6 15.Sd7: Ld7: 16.f3 (Geiser – Koschil). Interessanterweise wurden beide Partien in der UdSSR (1985-87) in einem Fernturnier-Thematurnier gespielt, das der symmetrischen Variante der Russischen Partie gewidmet war!

10. a2–a3

Die Eröffnungsbücher früherer Jahre empfahlen die Annahme des Bauernopfers: 10.Le4: de4: 11.De4: Te8 12.Dd3 Sb4 13.Db3 Lf5 14.Lg5 mit weißem Übergewicht. In jüngster Zeit wurden für Schwarz einige Gegenmittel gefunden. Anstatt 12....Sb4 ist besser 12....Lg4 13.Lg5 Dd7 14.Sbd2 h6 15.Le3 f5 (Kruppa – Rosentalis, Lwow 1985).

Einen Zug eher ist der Springerausfall stärker: 11....Sb4. Schauen wir uns die Partie Klaitsch – Grodsenski (Fernschachturnier 1987-89) an: 12.Sg5 (12.a3 Te8 13.Se5 Sa6 14.Dc2 Le5: 15.de5: Te5: mit Überlegenheit für Schwarz) 12....f5 13.De2 f4 14.Sf3 (Oder 14.Se4 f3 15.gf3: Lh3 16.Te1 Dc7 17.a3 Lh2:+ 18.Kh1 Sa6 19.Sg5 Lf5 20.Sc3 h6 21.Sge4 Lg6 22.Le3 Tf5 23.Kg2 Taf8 mit Kompensation für den Bauern; Chramow – Rajezki, eben erwähntes Fernturnier) 14....Lg4 15.a3 Lf3: 16.gf3: Dh4 17.De6+ Kh8

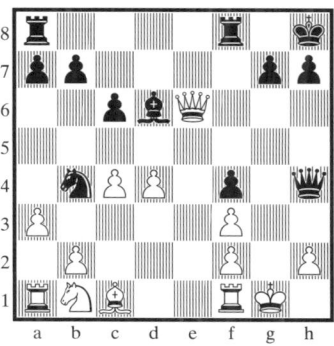

Hier hätte 18.Dg4 Dg4: 19.fg4: Sc2 20.Ta2 Sd4: zum Ausgleich geführt. Weiß nahm die Figur und erlitt ein Fiasko: 18.ab4: (18.Dd6: Tf6 19.Dd7 Sc2 20.Ta2 Sd4:) 18....Tf6 19.Dd7 Tg6+ 20.Kh1 Td8 21.Df5 Tg5 22.De6 Dh5 23.Sd2 Tg6 24.Dg6: hg6: 25.Ta7: Lb4: 26.Tb7: Ld2: 27.Ld2: Df3:+ 28.Kg1 Td4: Weiß gab auf (29.Lc3 Dg4+ 30.Kh1 f3 31.Tg1 Dg1:+!).

10. ... Lc8–g4

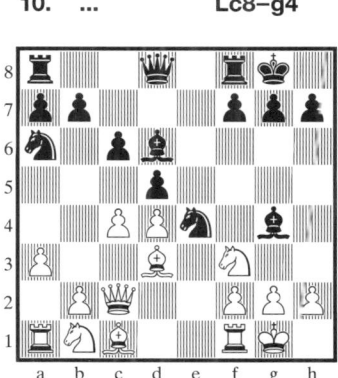

Diese häusliche Vorbereitung (aber nicht Neuerung) wandte Salow in der vierten Partie des Viertelfinales zur Weltmeisterschaft an. Die zweite Partie verlief dagegen folgendermaßen:
Timman - Salow (Saint John 1988): 10....f5 11.Sc3 Sc7 12.Se2 Se6 13.b4 Kh8 14.Lb2 De8 15.Tae1 Dh5 16.Se5 f4 17.f3 S4g5 18.cd5: (Ein übereilter

Tausch. Schwarz hat keine Drohungen am Königsflügel - auf Tf6 folgt Sg4 -, deswegen war das unmittelbare 18.Lc1 besser) 18....cd5: 19.Lc1 Le5: 20.de5: Ld7 21.Lb2 a6 22.Dd2 (Die Folgen des 18.Zuges werden sichtbar: nun muß mit dem Ausfall Ld7-b5 gerechnet werden) 22....Tad8 23.Tc1 Le8! 24.Ld4 Lg6 25.Lb6 Td7 26.Lg6: hg6: 27.Lc5 Tf5 28.Ld6 Sf7 29.Tc8+ Kh7 30.Sd4 Sd4: 31.Dd4: Se5: 32.Le5: Te5: 33.Df4:. Schwarz erreichte vollwertiges Spiel und bald wurde Frieden geschlossen.

11. c4-c5

Der Zug 10....Lg4 gefiel Timman. Einen Monat nach dem Match spielte er ihn selbst in einer Partie gegen Ljubojevic (Linares 1988), worauf ein fesselnder taktischer Kampf entbrannte: **11.Le4:?** de4: 12.Sg5 Lf5 13.Sc3 Te8 14.Te1 Lc7 15.Db3 Dd4: 16.Le3 Sc5 17.Db4 Dd6 18.Dc5: Dh2:+ 19.Kf1 Lg4 20.Sh3 Te5 21.Sd5 Lh3: 22.gh3: Lb6 23.Sb6: Tc5: 24.Sa8: Dh3:+ 25.Ke2 Tc4: und nach zehn Zügen gab Weiß auf.

Nach 11.c5 gelang es Salow, die Stellung durch genaue Züge auszugleichen. In der Begegnung Short – Hort (BRD 1988) folgte **11.Sbd2** Sd2: 12.Sd2: Dh4 13.f4 Tae8 14.c5 Lb8 15.Sb3 Te7 16.Ld2 Tfe8 17.Tf2 Sc7 18.g3 Dh5 19.f5 f6 20.a4 Lf3? 21.Taf1 Le4 22.Sa5! Sa6 23.Le4: de4: 24.Db3+ Df7 25.Df7:+ Kf7: 26.Te2 und Weiß erzielte ein Übergewicht. Richtig war 20....Sa6! 21.Taf1 (es verliert 21.Sa5? Lf3! 22.Taf1 Lg3:!) 21....Lh3 mit gleichem Spiel.

Gespielt wird auch die sofortige, für Schwarz aber nicht besonders gefährliche Fortsetzung **11.Se5**, z.B. die Partie Ljubojevic – Hort (Amsterdam 1988). Nach 11....Le5: 12.de5: Sac5 13.f3 (13.b4 Sd3: 14.Dd3: Lf5 15.cd5: cd5: 16.Dd4 Tc8 und Schwarz hat mehr vom Spiel, Hazai - Wladimirow, Rotterdam 1988) 13....Sd3: 14.Dd3: Sc5 15.Dd4

Sb3 16.Dg4: Sa1: 17.Lh6 g6 18.Lf8: Df8: 19.cd5: cd5: und die Chancen sind gleichwertig, durch einen Fehler des Gegners konnte Hort aber noch gewinnen: 20.Dd4 Sc2 21.Df2 Tc8 22.Da7:? (richtig ist 22.Tc1 Dc5 mit Ausgleich) 22....d4! 23.Sd2 De7 24.f4? Se3 25.Tb1 Dd7! 26.Se4 Kg7 27.Db6 Tc6 28.Db3 Df5! und Weiß gab nach einigen Zügen auf.

11.	...	Ld6–c7
12.	Sf3–e5	Lc7×e5
13.	d4×e5	Se4×c5

In der Stammpartie Makarow - Rosentalis (UdSSR, Fernturnier 1986) schlug der andere Springer auf c5, und die Sache endete mit einer Vernichtung von Schwarz: 13....Sac5:? 14.f3 Db6 15.Le3 d4 16.Ld4: Tfd8 17.Le4: Td4: 18.Lh7:+ Kh8 19.fg4: Sb3 20.Kh1 Sa1: 21.Df5 c5 22.Df7: Kh7: 23.e6 Td5 24.Sc3! Te5 25.Se4! Kh8 26.Sg5! Schwarz gab auf (26....Tg5: 27.Tf3).

14.	Ld3×h7+	Kg8–h8
15.	b2–b4	Dd8–h4

Nach 15....Sd7 16.Lb2 g6 17.Lg6: fg6: 18.Dg6: gewinnt der weiße Angriff an Stärke.

16.	Lh7–d3	Sc5×d3
17.	Dc2×d3	Sa6–c7
18.	h2–h3	Lg4–h5
19.	f2–f4	f7–f5

Möglich war ebenfalls 19....f6 20.Lb2 fe5: 21.Le5: Se6 mit beiderseitigen Chancen.

20.	Sb1–d2	Sc7–e6
21.	Sd2–b3	b7–b6

Salow glaubt, daß im Ausgleichssinne exakter gewesen wäre, 21....d4 22.Sd4: Tad8 23.Sf5: Df4: zu spielen.

22.	Sb3–d4	Se6×d4
23.	Dd3×d4	Lh5–f7
24.	Lc1–e3	Ta8–c8
25.	Ta1–c1	Tc8–c7
26.	Tc1–c3	Tf8–c8
27.	Tf1–c1	Dh4–e7
28.	Kg1–f2	Lf7–e6

29.	Kf2–g3	Kh8–g8
30.	a3–a4	

Weiß hat seine Figurenstellung maximal verbessert. Jetzt muß er Linien zum Einbruch öffnen.

30.	...	Kg8–f7
31.	a4–a5	b6×a5
32.	b4×a5	

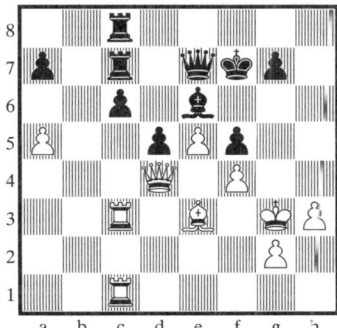

Mit einem Bauernopfer führt Salow den Generalabtausch aller schweren Figuren herbei und lenkt in ein unentschiedenes Endspiel mit ungleichfarbigen Läufern über.

32.	...	c6–c5
33.	Tc3×c5	Tc7×c5
34.	Tc1×c5	Tc8×c5
35.	Dd4×c5	De7×c5
36.	Le3×c5	a7–a6

Noch 45 Züge bemühte sich Timman vergeblich um den Erfolg. Der Ordnung halber bringen wir alle ausstehenden Züge.

37.	Lc5–b6	Le6–d7
38.	Lb6–d4	g7–g6
39.	Kg3–h4	Ld7–e6
40.	Kh4–g5	Le6–d7
41.	Kg5–h6	Ld7–e6
42.	Ld4–c5	Le6–d7
43.	Lc5–b6	Ld7–c8
44.	Lb6–e3	Lc8–d7
45.	Le3–f2	Ld7–c8
46.	Lf2–a7	Lc8–d7
47.	La7–c5	Ld7–c8
48.	Lc5–d4	Lc8–e6
49.	Ld4–c3	Le6–d7
50.	Lc3–b2	Ld7–c8
51.	Lb2–a1	Lc8–d7
52.	Kh6–g5	Ld7–e6
53.	La1–b2	Le6–c8
54.	Lb2–c3	Lc8–d7
55.	Lc3–a1	Ld7–c8
56.	La1–b2	Lc8–e6
57.	Lb2–c3	Le6–c8
58.	h3–h4	Lc8–d7
59.	Lc3–d4	Ld7–e6
60.	Ld4–e3	Le6–d7
61.	Le3–f2	Ld7–c8
62.	Lf2–b6	Lc8–d7
63.	Lb6–c5	Ld7–e6
64.	Lc5–f2	Le6–d7
65.	h4–h5	g6×h5
66.	Kg5×h5	Ld7–b5
67.	Kh5–g5	Kf7–e6
68.	g2–g4	Lb5–d3
69.	g4×f5+	Ld3×f5
70.	Lf2–d4	Lf5–e4
71.	Ld4–c3	Le4–d3
72.	Kg5–g4	Ld3–c2
73.	Kg4–f3	Lc2–b1
74.	Kf3–e3	Lb1–h7
75.	Ke3–d4	Lh7–g6
76.	Lc3–d2	Lg6–f5
77.	Ld2–e3	Lf5–e4
78.	Kd4–c5	Le4–b1
79.	Kc5–b6	Lb1–d3
80.	Kb6–c6	Ld3–c2
81.	Kc6–c5	Remis.

Partie Nr. 18
Sokolow – Oll
Odessa 1989

1.	e2–e4	e7–e5
2.	Sg1–f3	Sg8–f6
3.	Sf3×e5	d7–d6
4.	Se5–f3	Sf6×e4
5.	d2–d4	d6–d5
6.	Lf1–d3	Lf8–d6
7.	0–0	0–0
8.	c2–c4	c7–c6

9. Sb1–c3

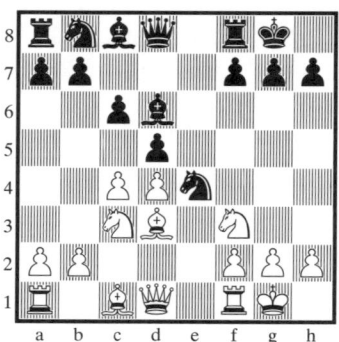

Bis zu dieser Partie galt die Entwicklung des Springers nach c3 als recht gefährlich für Schwarz, aber in dem Duell brachte Oll eine wertvolle Neuerung ein, und es gelang ihm daraufhin, leicht Remis zu machen. Auf Grund dieses »Fundes« erhielt die vorliegende Partie den Preis des »Schachinformators« für die wertvollste theoretische Neuerung.

9. ...	**Se4×c3**
10. b2×c3	**d5×c4**

Die sich nach 10....Lg4 11.cd5: cd5: ergebende Stellung wird ausführlich in unserem nächsten Partiebeispiel untersucht.

Wenn Weiß den Tausch auf c4 vermeiden möchte, dann kann er natürlich anstelle von 9.Sc3 selbst im Zentrum abtauschen – 9.cd5: cd5: – und erst dann 10.Sc3 ziehen.

11. Ld3×c4	**Lc8–g4**
12. Dd1–d3	

Auf 12.Tb1 ist 12....b5! gut, zum Beispiel 13.Ld3 Sd7 14.Te1 Sb6 15.Lc2 Te8! mit Ausgleich (Short – Makarytschew, Rotterdam 1988).

12. ...	**Sb8–d7**
13. Sf3–g5	**Sd7–f6**
14. h2–h3	**Lg4–h5**
15. f2–f4	**h7–h6**

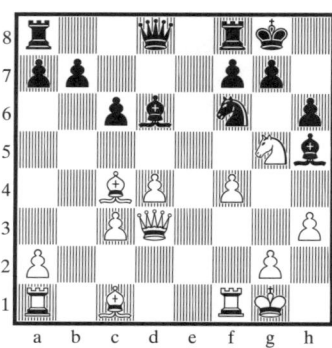

16. g2–g4	**h6×g5**

Im Falle von 16....b5 17.Lb3 c5!? 18.Ld5!? Lg6 19.Dg6: hg5: 20.Dg5: sind die Chancen von Weiß größer. Günstig für ihn ist auch die Folge 16....Lg4: 17.Sf7:! Tf7: 18.Lf7:+ Kf7: 19.hg4: Sg4: 20.Df5+.

17. f4×g5	**b7–b5**
18. Lc4–b3	

Verlieren würde 18.gf6: bc4: 19.Dd2 Lg6 20.fg7: Kg7: 21.Dh6+ Kg8 22.Lg5 Le7 usw.

18. ...	**Sf6×g4**

Dieses Springeropfer kam erstmalig in der Partie Short – Hübner (Tilburg 1988) vor. Allerdings wurden dort die Züge b7-b5 und Lc4-b3 später ausgeführt.

19. h3×g4	**Dd8–d7!**

Auf 19....Lg4: geschieht 20.g6 Le6 21.Tf7:! mit stärksten Drohungen von Weiß.

20. g4×h5	

In der Begegnung Nunn – Salow (Brüssel 1988) brachte dem Anziehenden 20.Df5 Lg4: 21.Dd7: Ld7: 22.Tf7: Tf7: 23.g6 Le8 nichts ein.

20. ...	**Dd7–g4+**
21. Kg1–f2	**Ta8–e8**

Falls Weiß 21.Kh1 gespielt hätte, so konnte Schwarz gewinnen. Nun droht einfach 22....Te2+ 23.De2: Dg3 matt.

22. Tf1–g1	**Dg4–h4+**
23. Kf2–g2	

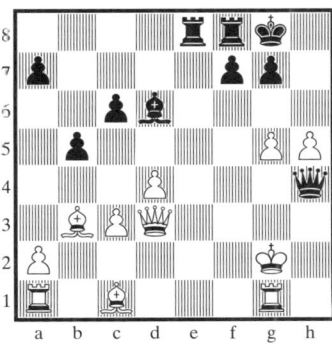

Jetzt fallen beide Partien zusammen. Hübner spielte hier 23....c5 und gab nach 24.Th1 auf. Tatsächlich hat Weiß nach 24....Dg4+ 25.Kf1 (25.Kf2? Lg3+) 25....c4 26.Ld1 Te1+ 27.Ke1: Dg2 28.De2! Dh1:+ 29.Kd2 den schwarzen Angriff abgewehrt, und Schwarz steht mit gescheiterten Hoffnungen da.

Gefährlich sieht 23....Te4 aus, aber Weiß beseitigt mit 24.Df3! alle Gefahren, zum Beispiel 24....Lh2 (24....Tfe8? 25.Lf7:+) 25.Ld2!.

Nicht so klar ist 25.Th1 Tg4+ 26.Kf1 Tg3! 27.Dc6: Dh3+ 28.Kf2 Df5+ 29.Ke1. Diese Stellung ergab sich in der Partie Psachis – Michaltschischin (Klaipeda 1988). Nach 29....Lg1! 30.Kd1 Dd3+ 31.Ld2 Le3 hätte Schwarz die Oberhand behalten, aber er spielte fehlerhaft 29....Tc8?, weil er annahm, das würde auch leicht zum Sieg ausreichen...

Hier aber erfolgte der effektvolle taktische Entscheidungszug 30.Le6!, und Schwarz war sogleich gezwungen, die Partie aufzugeben.

Nach 25.Ld2! könnte folgen 25....Tg4+ (25....Lg1: 26.Tg1:) 26.Dg4: Dg4:+ 27.Kh2: Dh4+ (27....Dh5:+ 28.Kg3) 28.Kg2 De4+ (28....Te8 29.Ld1) 29.Kf2 Df5+ (29....Te8 30.Tg2!) 30.Ke2 Te8+ 31.Kd1. Die Schachs sind zu Ende, und Weiß behält entscheidendes materielles Übergewicht.

Es scheint so, als könne man nun den Schluß ziehen, das Springeropfer sei unkorrekt. Großmeister Oll aber erhielt seinen Preis gerade dafür, daß er diese These widerlegt hat. Er wies nach, daß Schwarz auch mit einer Figur weniger leicht Remis halten kann.

23. ...   Dh4–h2+!

Eine wesentliche Verstärkung, die die Perspektive der Variante von Weiß mit 12.Dd3 in Frage stellt.

24. Kg2–f1   Ld6–f4!

Darin liegt der ganze Sinn. Nach 25.Lf4: Df4:+ 26.Kg2 Te3 ist es fraglich, ob Weiß sich überhaupt noch wehren kann.

25. Dd3–f3

Der einzige Zug. Sofort verlieren würde 25.Ld1? Te1+!. Das gleiche Ergebnis hätten wir im Falle von 25.g6? Te1+ 26.Ke1: Dg1:+ 27.Ke2 Te8+.

Jetzt forciert Schwarz das Remis, und das ist Weiß völlig recht.

25.	**...**	**Te8–e1+!**
26.	**Kf1×e1**	**Dh2×g1+**
27.	**Ke1–e2**	**Lf4×c1**
28.	**Ta1×c1!**	

Nach 28.Kd3 Dg5: behält Schwarz einfach einen Mehrbauern.

28.	**...**	**Dg1×c1**
29.	**g5–g6**	**Tf8–e8+**
30.	**Ke2–d3**	**Dc1–b1+**
31.	**Kd3–d2**	

Natürlich nicht 31.Lc2? Da2: und der Punkt f7 ist gedeckt.

31.	**...**	**Db1–e1+**
32.	**Kd2–d3**	**De1–b1+**
33.	**Kd3–d2**	**Remis**

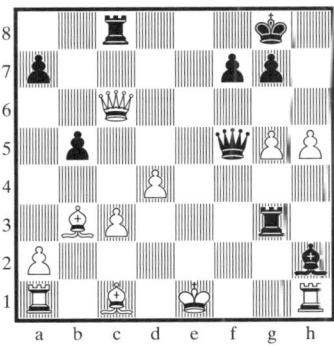

Partie Nr. 19
Dwoiris – Rosentalis
Lwow 1990

1. e2–e4   e7–e5
2. Sg1–f3   Sg8–f6
3. Sf3×e5   d7–d6
4. Se5–f3   Sf6×e4
5. d2–d4   d6–d5
6. Lf1–d3   Lf8–d6
7. 0–0   0–0
8. c2–c4   c7–c6
9. c4×d5   c6×d5
10. Sb1–c3

Die beliebteste Zugfolge für Weiß. Sie bereitet Schwarz nicht wenige Sorgen, denn der Anziehende errichtet ein stabiles Zentrum, was vom Gegner sehr genaues Spiel verlangt.

10. ...   Se4×c3
11. b2×c3   Lc8–g4
12. Ta1–b1

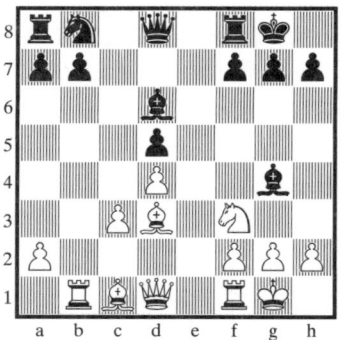

12. ...   b7–b6

Häufig wird hier 12. ... Sd7 gespielt. Sehen wir uns einige interessante Beispiele an.

13.h3
Natürlich nicht 13.Tb7: Sb6 mit der Drohung 14....Lc8.

13....Lh5
Schlechter wäre 13....Lf3: 14.Df3: Sb6 15.g3 Tc8 16.h4 Tc7 17.h5 mit klarem Übergewicht von Weiß (Dwoiris – Jakowitsch, Kiew 1986).

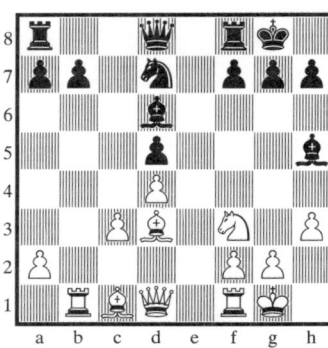

Jetzt kann Weiß den Bauern schlagen. Auf 14.Tb7: Sb6 15.Ld2 ist 15....Dc8 schlecht wegen 16.Lh7:+! Kh7: (16....Kh8 17.Tb6: ab6: 18.Lb1) 17.Sg5+ Kg6 18.g4 Lg4: (18....Db7: 19.gh5:+ Kf6 20.Te1) 19.hg4: Db7: 20.Te1 mit der Drohung 21.Dc2+.

Unzureichend wäre auch 15....Lg6 16.Lg6: hg6: 17.De2, und Schwarz kann die »Isolation« des weißen Turms auf b7 schwerlich nutzen.

Gleiches Spiel erhält der Nachziehende aber, wenn er vorsorglich 15....h6 spielt und erst nach 16.Te1 16....Dc8 zieht, zum Beispiel 17.La6 Dc6 18.Se5 Db7: 19.Lb7: Ld1: 20.La8: Le5: 21.de5: (auch nicht besser ist 21.Td1: Ld4: 22.Ld5: Sd5: 23.cd4: Tb8) 21....La4 22.Lb7 Lb5! 23.Tb1 Lc4, und die Partie Serper - Akopjan (Tbilissi 1989) endete schnell remis.

In der Begegnung Sokolow - Rosentalis (Minsk 1986) spielte Weiß sofort 15.La6, und nach 15....De8 16.De2 Dc6 17.Db5 Lc3: 18.Lb2 Dc2 19.Tc1 De4! 20.Te1 Dg6 21.De2 Sc4 22.Lc4: dc4: 23.g4 Lg4: 24.hg4: Dg4:+ 25.Kf1 Dh3+ endete die Angelegenheit mit ewigem Schach.

14.Tb5!
Dies ist die stärkste Fortsetzung in der obigen Diagrammstellung. Indem Weiß seinen Turm auf die fünfte Reihe spielt, bereitet er dem Gegner nicht wenig Kopfzerbrechen.

Sehen wir uns in diesem Zusammenhang die theoretisch wertvolle Partie **Beljawsky - Petursson (Reykjavik 1988)** an. **14....Sb6 15.c4! Lf3:** Gefährlich ist 15....dc4: 16.Lh7:+ Kh7: 17.Th5:+, und auf 15....Sc4: folgt 16.Td5: Lh2+ (16....Lf3: 17.Df3: mit weißem Übergewicht) 17.Sh2: Dd5: 18.Lc4: Dc4: 19.Dh5:, und Schwarz steht mit gescheiterten Hoffnungen da. Interessant ist, daß diese Stellung zum ersten Mal in der Partie Machia - Pla (Mar del Plata 1988) vorkam und sich dann in der Begegnung Dwoiris - Wladimirow (Barnaul 1988) wiederholte. **16.Df3: dc4: 17.Lc2!** Nach der Linienöffnung entwickelt Weiß gefährliche Initiative.

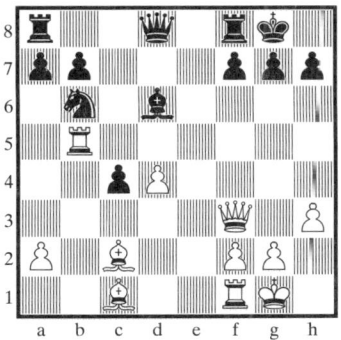

17....a6 Dieser naive Zug ermöglicht ein effektvolles Finale.

18.Lg5! ab5: Schlecht wäre 18....f6 wegen 19.Dh5 h6 20.Lh6: ab5: 21.Dg6, und auf einen Wegzug der Dame entscheidet 19.Lf6. Aber auch ohne Dame kann Schwarz auf nichts mehr hoffen.

19.Ld8: Tfd8: 20.Dh5 g6 21.Db5: Lc7 22.a4 Td4: 23.Dc5 Td7 24.g3!, und bald darauf behielt Weiß die Oberhand.

Ähnlich ging auch die Partie Kudrin - Machado (Saloniki 1988) zu Ende: **17....Tb8** 18.a4 a6 19.Lg5 Dc7 (19....f6 20.Dh5 h6 21.Lh6:) 20.Lh7:+ Kh7: 21.Dh5+ Kg8 22.Lf6! Lh2+ (22....Le7 23.Lg7:! Kg7: 24.Dg4+ Kf6 25.Tf5+ Ke6 26.Tc5+ f5 27.De2+) 23.Kh1 Dd6

24.Lg7: Kg7: 25.Tg5+ Kf6 26.Te1! De6 (26....Th8 27.Tf5+ Kg7 28.Df7:+) 27.Te6:+ fe6: 28.Tg6+ Ke7 29.Tg7+ Schwarz gab auf (29....Kd8 30.Dg5+ Kc8 31.Dc5+).

Beljawsky empfiehlt sofort **17....Dc7** 18.a4 a6 19.Th5 g6 20.Lh6 Tfe8 21.Df6 Lf8 22.Lf8: Tf8: 23.Tc5 Dd8 24.Dd8: Tad8: 25.Tb1 Td6 26.a5 Sd7 27.Tc4: b5 28.ab6: Sb6: mit gleichen Chancen im Endspiel.

In der Partie Timman - Anand (Tilburg 1991) ging Schwarz mit der Dame auf das Nachbarfeld - **17....Dd7.** Weiter geschah 18.a4 Lc7 19.Tc5 Ld6 20.Tb5 Lc7 21.Tc5 Ld6. Weiß ging der Zugwiederholung aus dem Wege, und nach 22.a5 Sc8 23.Lf5 Dd8 24.a6 Se7 25.ab7: Tb8 26.Lg5 f6 27.Le6+ Kh8 28.Lf4 Lf4: 29.Df4: Tb7: 30.d5 Sg6 31.Dc4: erhielt er aufgrund des d-Bauern das etwas bessere Endspiel. Allerdings konnte er den Vorteil nicht nutzen, und nach weiteren 40 Zügen mußte sich Weiß sogar darum bemühen, das Remis zu retten.

13. Tb1–b5

Es droht 14.Td5: Lh2:+ 15.Sh2:.

13. ... Ld6–c7

14. h2–h3

Weiß lockt den schwarzen Läufer von g4 auf die fünfte Reihe, um bequem c3–c4 durchsetzen zu können. Was aber passiert, wenn er den Vorstoß mit dem c-Bauern sofort unternimmt?

Short - Timman (Hilversum 1989): 14.c4

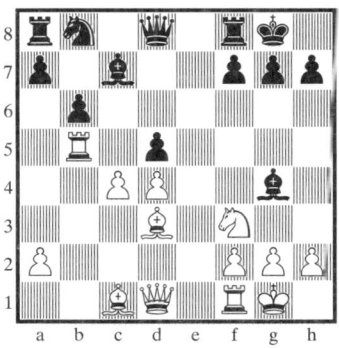

14....dc4:! Schwächer wäre 14....Dd6 15.Te1! Lf3: 16.Df3: Dh2:+ 17.Kf1 Sc6 18.Td5:.

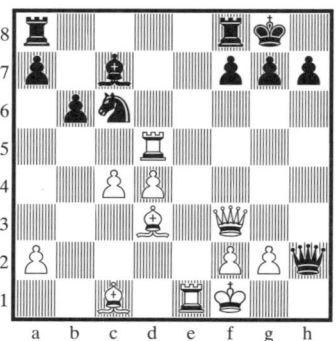

Diese Stellung ergab sich in der Partie Short - Salow (Amsterdam 1989). Als Antwort auf 18....Tae8 führt der Engländer folgende schöne Varianten an: 19.Te8:! Dh1+ (19....Te8: 20.Th5) 20.Ke2 Te8:+ 21.Le3 Te7 22.Td7! Td7: 23.Dc6: Dh5+ 24.f3 oder 21....Da1 22.Df5 Te6 (22....g6 23.Dd7 bzw. 22....Sd4:+ 23.Td4: Dd4: 24.Dh7:+ Kf8 25.Dh8+ und De8:+) 23.Dh7:+ Kf8 24.Dh8+ Ke7 25.Dg7:, und Weiß gewinnt die Oberhand.
Er griff aber fehl - 19.Le3?, und jetzt konnte Salow bereits durch 19....f5! mit verschiedenen Drohungen (20....Sb4, 20....Se7 oder 20....f4) in Vorteil kommen. Aber auch er spielte falsch, und zwar 19....g6?, worauf Weiß 20.a3! zog, und nach 20....Dh1+ (20....f5 21.Dh3 Dh3: 22.gh3: f4 23.Ld2 Td8 24.Lc3 - Short) 21.Ke2 Dh4 22.g4 f5 23.Td7 f4 24.Th1 Df6 25.Dd5+ Te6 26.g5 Sd4:+ 27.Kd1 gab Schwarz auf. .

Kehren wir zur Partie Short - Timman zurück.
15.Le4 Sc6! 16.Tg5 Auf 16.Lc6: geschieht 16....Dd6! mit der Drohung Lf3:.
16....Lf3: 17.Df3: Dd6 18.Tg3 Auch nicht besser ist 18.g3 Sd4: 19.De3 Tae8 20.La3 Se2+ 21.Kg2 Dd4 oder 18.Th5

g6 19.La3 Sd4: 20.Dh3 Se2+ 21.Kh1 Dd4 (Timman).
18....Sd4: 19.Dg4 g6 20.La8: Ta8:? Schwarz vergab damit eine große Möglichkeit, die Partie zu entscheiden: 20....f5 21.Dd1 (21.La3 De5 22.Dd1 Se2+) 21....Ta8: 22.Te1 b5 23.Lb2 Td8, und Weiß hat keine Verteidigung mehr.
21.Td1 Td8 22.Kf1 Dd5 23.Te3 f5? In diesem Augenblick führt der Vorstoß des f-Bauern bereits zum Verlust. Unbedingt nötig war 23....c3 24.Tc3: Db5+.
24.Dh4 f4 Jetzt gewinnt Weiß nach 24....c3 25.Td4: Dd4: 26.Te8+.
25.Te7 h5 26.Df6 Schwarz gab auf.

14.	...	a7–a6

Bevor Schwarz seinen Läufer zurückzieht, möchte er den feindlichen Turm von der fünften Reihe vertreiben. Auf 14....Lh5 folgt 15.c4, und das passive 14....Le6 wird mit 15.Sg5 h6 16.Dh5 Dd6 17.g3 Sd7 18.Lf4 Dc6 19.Se6: Sf6 20.De2 beantwortet, wonach Weiß deutlichen Raumvorteil hat (Dwoiris - Rosentalis, Barnaul 1984).

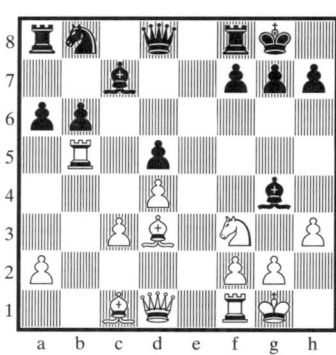

Wenn Weiß seinen Turm jetzt nach b1 oder b3 zurückzieht, geht Schwarz mit dem Läufer nach h5, und die Aussichten sind gleich.
15. Tb5×d5!? Das ist eine überraschende Möglichkeit von Weiß, für die Qualität einen Bauern und starke Initiative zu bekommen.

Als die Arbeit an diesem Buch-Manuskript beinahe zu Ende war, wurde beim Kandidaten-Viertelfinale folgende interessante Partie gespielt:
Short – Gelfand (Brüssel 1991):
15.hg4:! Die gleiche Idee wie in unserer Hauptpartie, nur in einer etwas anderen Ausführung.
15....ab5: 16.Dc2 g6 17.Lh6 Te8 18.Lb5: Te4 18....Sd7 19.Lc6.
19.g5 Dd6 20.Se5 De6 21.f4

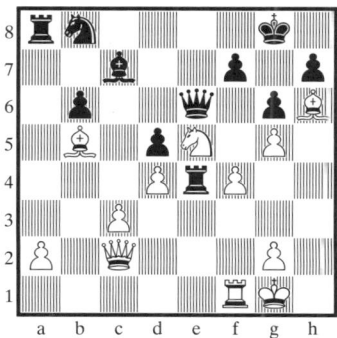

Die Stellung sieht sehr gefährlich für Schwarz aus. Sein Damenflügel ist praktisch versiegelt, und der Tausch auf e5 wäre völlig aussichtslos für ihn. Unterdessen droht Ld3 nebst f4-f5. Gelfand findet jedoch eine glänzende Möglichkeit, mit Hilfe eines Figurenopfers aus der mißlichen Lage herauszukommen.
21....Sc6! 22.Sc6: 22.Lc6: Le5: 23.La8: Lf4: mit gefährlichen Drohungen, interessant ist aber 22.f5.
22....Tf4: 23.Tf4: Lf4: Zwei Leichtfiguren für den Turm, das ist im Grunde ein großer Vorteil, aber wenn man in Rechnung stellt, daß der Läufer auf h6 hoffnungslos eingesperrt ist, so kann man die gegenseitigen Chancen als gleich einschätzen.
24.Se5 Le5: 25.de5: De5: 26.a4 De1+ 27.Kh2 Tc8 28.Dd3 De5+ 29.Dg3 Dc3: 30.Df4 Dc7 31.Kg3 Dc3+ 32.Kh2 Dc7 33.Kg3 Dc3+ Remis.

Später haben Gelfand und sein Sekundant, der Internationale Meister A. Kapengut, in ihren Kommentaren einige Momente der Partie genauer beleuchtet. Aussichtsreicher für Weiß war es, anstelle von 19.g5? einfach 19.c4! zu spielen. Ungenau war auch der Zug 20....De6 von Schwarz. Nach dem sofortigen 20....Sc6! 21.Lc6: (21.f3? Te5: 22.Lc6: Te7! usw.) 21....Te5: 22.de5: (verlieren würde 22.La8:? Te2!) 22....Dc6: 23.f4 Ta3 wäre seine Lage angenehmer.
Schließlich irrte sich Weiß im 23.Zug noch einmal. Vorteilhaft für ihn wäre 23.Dd2! Tf1:+ 24.Kf1: Lg3 25.a4 De4 26.Ld3 Dh4 27.De3! gewesen.

| 15. | ... | Dd8×d5 |
| 16. | h3×g4 | Sb8–c6! |

Der einzige, aber auch völlig ausreichende Zug.

| 17. | Sf3–g5 | h7–h6 |
| 18. | Sg5–e4 | |

Weiß stellt eine Reihe von Drohungen auf - 19.Lh6:, 19.g5, 19.Df3 -, aber Schwarz findet ein Mittel, alle abzuwehren.

| 18. | ... | Ta8–d8! |
| 19. | g4–g5 | |

Nichts taugt 19.Df3 wegen 19....Se5!, und auf 19.Lh6: lautet die Antwort 19....Sd4:.

19.	...	Tf8–e8
20.	Tf1–e1	Sc6×d4!
21.	c3×d4	Dd5×d4
22.	Dd1–c2!	

Auf 22.Sf6+ geschieht 22....gf6: 23.Te8:+ Te8: 24.Lh7+ Kh7: 25.Dd4: Te1 matt.

| 22. | ... | Dd4×d3 |
| 23. | Dc2×c7 | Td8–c8 |

Aber nicht 23....hg5: 24.Lg5: f6? 25.Lf6:!.

| 24. | Dc7–b7 | Tc8×c1 |

Auch hier entscheidet im Falle von 24....hg5: 25.Lg5: f5 das Läufermanöver 26.Lf6!.

| 25. | Te1×c1 | Dd3×e4 |

26.	Db7×b6	De4–f4
27.	Tc1–f1	Te8–e6
28.	Db6–d8+	Kg8–h7
29.	Dd8–d3+	Df4–e4
30.	Dd3×e4+	Te6×e4
31.	g5×h6	Kh7×h6

Im Ergebnis der stürmischen Schlacht entstand ein gleiches Turmendspiel. Da der schwarze Turm etwas aktiver ist, beschloß der Nachziehende, seinen Gegner noch ein wenig zu quälen. Aber es versteht sich, daß der friedliche Ausgang hier vorprogrammiert war.

32.	Tf1–d1	Te4–a4
33.	Td1–d2	Kh6–g5
34.	g2–g3	g7–g6
35.	Kg1–g2	f7–f5
36.	Td2–b2	Ta4–a3
37.	Tb2–c2	Kg5–h5
38.	Tc2–d2	a6–a5
39.	Td2–c2	a5–a4
40.	Tc2–d2	g6–g5
41.	Td2–c2	Kh5–g4
42.	Tc2–c4+	f5–f4
43.	g3×f4	g5×f4
44.	Tc4–c2	Kg4–f5
45.	Tc2–b2	Ta3–c3
46.	Tb2–b4	a4–a3
47.	Tb4–a4	Kf5–g4
48.	Ta4–a8	Kg4–f5
49.	Ta8–a4	Kf5–e5

Remis.

Partie Nr. 20
Witolinsch – Rajezki
Nabereshnije Tschelny 1988

1.	e2–e4	e7–e5
2.	Sg1–f3	Sg8–f6
3.	Sf3×e5	

Diese Partie ist der seltenen, aber spannenden Variante mit dem Springeropfer auf f7 gewidmet, das sich nach 3.Se5: d6 4.Sf7:?! ergibt.

Wir wollen die Gelegenheit nutzen und auch auf andere, nicht so häufig vorkommende Abspiele hinweisen, die allerdings in ernsten Turnieren höherer Rangstufe kaum anzutreffen sind.

Weiß kann beispielsweise die Hauptvariante 3.Se5: umgehen und stattdessen 3.d3, 3.Lc4 und 3.Sc3 spielen. Dem »richtigen« Zug 3.d4 widmen wir weiter hinten noch genügend Aufmerksamkeit. Im Falle von **3.d3** wählt Weiß in gewisser Weise die Philidor-Verteidigung mit vertauschten Farben und einem Mehrtempo. Doch in dieser Eröffnung kann er trotz des Zeitgewinns schwerlich auf viel hoffen. Nach 3....Sc6 4.Le2 hat Schwarz die Wahl zwischen 4....Le7, 4....d5, 4....g6 und 4....Lc5. In allen Fällen steht das Spiel etwa gleich.

Die Fortsetzung **3.Lc4** Sc6 führt zum Zweispringerspiel, aber Schwarz hat die gute Antwort 3....Se4!. Wenn Sie in die Eröffnungshandbücher sehen, dann werden Sie feststellen, daß Weiß nach 4.Sc3 (4.d3, 4.De2 oder 4.Se5: bringen überhaupt nichts) 4....Sc3: (möglich ist auch das ruhige 4....Sf6 oder 4....Sd6) 5.dc3: f6 für den geopferten Bauern leichte Initiative besitzt, aber es ist fraglich, ob sie ausreicht.

Auf **3.Sc3** schließlich erwidert Schwarz am besten 3....Sc6, wodurch die Partie ins für ihn angenehme Vierspringerspiel mündet. Die Fortsetzungen 3....Lc5 und 3....Lb4 dagegen - und das ist der Theorie seit langem bekannt - bringen Weiß geringen Vorteil ein, z.B. 3....Lb4 4.Se5: 0-0 5.Le2 Te8 6.Sd3 Lc3: 7.dc3: Se4:.

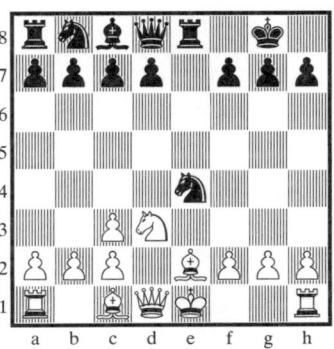

Die kritische Stellung. Nach 8.0-0 d5 9.Sf4 c6 10.Le3 Sd6! steht das Spiel gleich, aber Weiß kann sofort 8.Sf4! ziehen und damit den Vorstoß d7-d5 verhindern. In der Begegnung Psachis - Jussupow (Vilnius 1980/81) geschah weiter 8....c6 9.c4 d6 10.0-0 Lf5 11.a4 a5 12.Ta3 Sd7 13.Te3 Sdc5 14.g4 Le6 15.f3 Sf6 16.Dd4 Dc7 17.b3 h6 18.Lb2 Tad8. Hier spielte Weiß 19.Td1, was zum Ausgleich führte. In einer Fernpartie zwischen Blüm und Pilinjan (1982/83) zog Weiß jedoch 19.Tf2! vor und gewann.

3. ... d7−d6

Es ist bekannt, daß der sofortige Rückgewinn des Bauern nicht funktioniert: 3....Se4:? 4.De2 De7 5.De4: d6 6.d4 de5: 7.de5: Sc6 8.Sc3! (das Einfachste) 8....De5: 9.De5: Se5: 10.Lf4 Ld6 11.Lg3! nebst Sb5 oder Se4 mit Tausch auf d6, was unweigerlich zur Zerstörung der schwarzen Bauernkonstruktion führt.

4. Se5×f7?!

Dieses Springeropfer kann man Schachspielern empfehlen, die einen scharfen Stil lieben und nicht gern lange Theorievarianten pauken wollen, die nach 4.Sf3 entstehen. Weiß hat für die Figur zwei Bauern und eine bewegliche Bauernkette.

Ehe wir aber zu der Opfervariante kommen, sei noch auf eine andere Möglichkeit für Weiß verwiesen, und zwar **4.Sc4!?.**

Die Idee dieses Zuges besteht darin, den Springer nach e3 zu bringen, von wo aus er auf das Zentrum einwirken kann. Sehen wir uns einmal an, wie sich danach die Ereignisse entwickeln würden: 4....Se4: 5.d4 (zu gleichem Spiel führen auch die alten Fortsetzungen 5.Sc3, 5.d3 und 5.De2) 5....d5 6.Se3 Df6 (Der Lieblingszug von S. Makarytschew. In der Regel wird hier 6....Le6 gespielt; das tat man schon im vergangenen Jahrhundert) 7.De2 Le6 8.c3 Sc6 9.Sd2 0-0-0

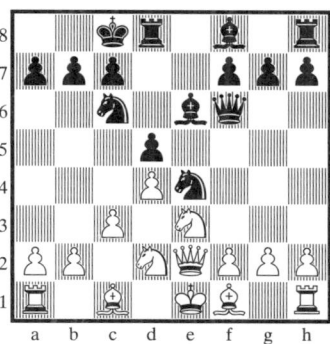

Nach 10.g3 (nicht aber 10.Se4: de4: 11.g3 Td4:!) steht das Spiel ungefähr gleich.

In der Partie Smagin - Makarytschew (Murcia 1990) - dies war ein Schnellschachturnier - erfolgte der hasardmäßige Zug 10.Sd5:?!, worauf 10....Ld5: 11.Se4: Dg6 12.Sg3 geschah. Hier hätte 12....h5! Schwarz ausgezeichnete Chancen eröffnet. Er spielte aber 12....Ld6?, und Weiß übernahm mit 13.Dh5 die Initiative.

4. ... Ke8×f7
5. d2−d4

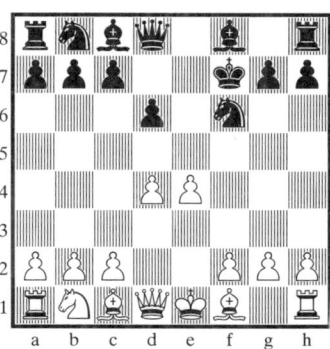

Dieses Gambit trägt den Namen des schottischen Schachmeisters D. Cochrane, der im vergangenen Jahrhundert lebte. Er selbst spielte hier immer nur 5.Lc4+, was ihm ständig Siege einbrachte (nach 5....Ke8 6.0-0 oder 5....Le6 6.Le6:+ Ke6: 7.0-0).

Die richtige Reaktion auf das Läufer-schach aber ist 5....d5!, und jetzt 6.ed5: Ld6 7.0-0 Tf8 8.d4 Kg8 oder 6.Lb3 Le6! 7.e5 Se4 8.d4 c5 9.Df3+ Ke8, was traurige Folgen für Weiß hat.

5.   ...   c7-c5

Selbstverständlich ist der Bauer e4 tabu: 5....Se4: 6.Dh5+ Ke7 (6....g6 7.Dd5+) 7.De2 d5 8.Lg5+!. Es ist erheiternd, daß genau so die Partie Lasarjew - Kundyschew (Moskau 1982) endete.

Spielt Schwarz 5....Le7, so erleichtert er Weiß damit nach 6.Sc3, eine gefährliche Bauernkette zu bilden, zum Beispiel 6....Te8 7.Lc4+ Kf8 8.0-0 Lg4 9.f3 Lh5 10.g4 Lf7 11.Lf7:+ Kf7: 12.f4 oder 6....c6 7.Lc4+ Le6 (7....d5 8.ed5: cd5: 9.Sd5: Le6 10.Se3 Lc4: 11.Sc4: Sc6 12.c3 Te8 13.0-0 bzw. 9....Sd5: 10.Dh5+ g6 11.Ld5:+ Ke8 12.Df3 Tf8 13.Db3, und Schwarz hat Probleme) 8.Le6:+ Ke6: 9.Df3 Da5 10.g4.

In beiden Fällen sieht der Vormarsch der weißen Bauern vielversprechend aus, und die Drohungen des Anziehenden wiegen allemal die materiellen Verluste auf.

Neben c7-c5 antwortet Schwarz auch häufig 5....g6 und auf 6.Sc3 6....Kg7 oder 6....De8 (auf 6....Le7 geschieht 7.Lh6!? d5 8.Sd5:! Sd5: 9.Lc4 c6 10.ed5: cd5: 11.Df3+ Ke6 12.De4+). Sehen wir uns je ein Beispiel davon an.

Schulman - Schmudlers (Riga 1986): 6....Kg7 7.Le2 (Nach 7.f4 hat Weiß genügend Ersatz für die geopferte Figur, aber auch der Läuferzug, der das Schwergewicht des Kampfes in die Spielmitte verlagert, ist voller Gift) 7....Le7 (7....De8 8.f3) 8.Le3 Le6 9.Dd2 h6 (ein Tempoverlust, sicherer war 9....Te8) 10.f3 Sbd7 11.0-0-0 c6 12.g4 a6 13.h4 b5 14.d5!

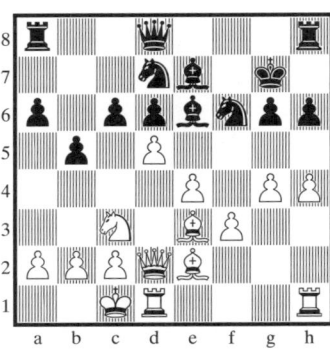

Die weißen Bauern sind im Vormarsch, und Schwarz hat kein Gegenspiel. Seine unsichere Königsstellung macht die Lage des Nachziehenden schwierig: 14....cd5: 15.ed5: b4 16.de6: bc3: 17.Dc3: Tc8 18.Dd2 Se5 19.g5 Sh5 20.f4 mit entscheidendem Übergewicht von Weiß.

Witolinsch - Demuls (Riga 1983): 6....De8 7.Ld3 (gut ist auch 7.Lc4+ Le6 8.d5 Lc8 9.0-0 Lg7 10.Te1 Tf8 11.f4) 7....Lg7 8.0-0 Tf8 9.e5 Sg4 10.h3 Sh6 11.ed6: Kg8 (11....cd6:? 12.Te1 Dc6 13.Le4) 12.dc7: Sc6 (genauer war 12....Sa6) 13.d5 Se5 14.Le4 Shf7 15.d6 Dd7 16.Le3 Sd6: 17.Ld5+ Kh8 18.Lc5 Tf6 19.Te1 mit scharfem Spiel.

6.   d4×c5

In den Eröffnungshandbüchern ist nur 6.Lc4+? vermerkt und weiter 6....d5 7.ed5: Ld6 8.0-0 Te8 9.dc5: Lc5: 10.Sc3 Lg4 11.Dd3 Sbd7 mit Vorteil für Schwarz (Jandemirow - Plisezki, Moskau 1983).

6.   ...   Sb8-c6

Eine Empfehlung von Großmeister S. Makarytschew und S. Grodsenski. In der Turnierpraxis kam auch schon 6....De8, 6....d5, 6....Lg4 und 6....Da5+ vor. Jedes Mal entwickelte sich ein lebhaftes Spiel mit verteilten Chancen.

7.   Lf1-c4+   d6-d5?

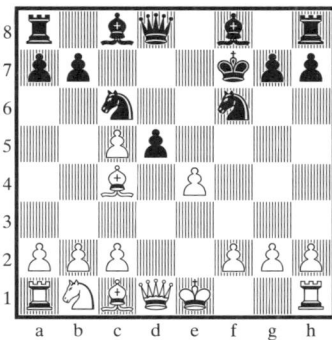

In der gegebenen Situation ist dieser Gegenschlag im Zentrum bereits nicht mehr so gut für Schwarz. Die richtige Reaktion war 7....Le6 8.Le6:+ Ke6:. Offensichtlich wiegen hier die drei weißen Mehrbauern die Figur nicht auf, zumal Schwarz alle seine Kräfte ins Feld führen konnte.

Wir zeigen einmal, wie sich danach die Partie Witolinsch - Dautow (Minsk 1988) weiter entwickelte: 9.0-0 d5 (gefährlich wäre 9....dc5: wegen 10.De2 mit der Drohung, den e- und f-Bauern in Verbindung mit Dc4+ in Marsch zu setzen) 10.e5 (Aufmerksamkeit verdient 10.Sc3) 10....Se4 11.Dg4+ Kf7 12.Df5+ Ke8 (Der König kehrte »nach Hause« zurück, und Schwarz ist zur Ernte bereit) 13.Sc3 Sd4! 14.Dh3 Dd7 15.e6 De6: 16.Dd3 Sc3: 17.bc3: Se2+ 18.Kh1 Sc1: 19.Tac1: Kf7 20.Tfe1 Dc6 21.Df5+ Kg8 22.Te6 Dd7 23.De5 Lc5:. Die weißen Streitkräfte sind zwar zentralisiert, aber das kompensiert dennoch die materiellen Verluste nicht. In dieser Partie gelang es Schwarz also, seine Trümpfe auszuspielen. Der Leser darf - das versteht sich - nicht damit rechnen, daß das Figurenopfer 4.Sf7: Weiß einen forcierten Gewinn einbringt... Und dennoch haben wir, um den Liebhaber eines scharfen Spiels zu erfreuen, eine Partie ausgewählt, in der Witolinsch ein glanzvoller Sieg gelang. Hinzugefügt sei noch, daß der Internationale Meister aus Riga ein begeisterter Anhänger des

Cochrane-Gambits ist. Er spielte einige Dutzend Partien mit dieser Eröffnung und gewann die Mehrzahl von ihnen.

8. Lc4×d5+

Das Schlagen mit dem Bauern wäre schwächer wegen 8....Sa5 oder 8....Se5.

8. ... Lc8–e6

Nach 8....Sd5: 9.ed5: besitzt Weiß viele bewegliche Bauern für die Figur.

9.	Ld5×e6+	Kf7×e6
10.	Dd1–e2	Dd8–a5+
11.	Sb1–c3	Lf8×c5

Der schwarze König fühlt sich in der Brettmitte nicht sehr wohl, und Weiß hat inzwischen schon drei Bauern für den Springer.

12. 0–0

Gut ist auch 12.Dc4+ Ke7 13.0-0, was den feindlichen König daran hindert, aus der gefährlichen Zone zu fliehen.

12.	...	Ke6–f7
13.	De2–c4+	Kf7–g6
14.	Sc3–d5	Lc5–d6

Es drohte Sf4+, aber hartnäckiger war 14....h6, obwohl Weiß auch dann eine starke Angriffsstellung besitzt.

15.	Lc1–f4	Ta8–d8

Schlecht ist 15....Lf4: 16.Sf4:+ Kh6 wegen 17.De6.

16.	Ta1–d1	Da5–c5

Auf 16....Sd5: 17.Td5: Dc7 entscheidet 18.Td6:! Td6: 19.Dc5.

17.	Dc4–b3	Sf6×e4
18.	Lf4–e3	Dc5–a5
19.	Db3×b7	Td8–c8

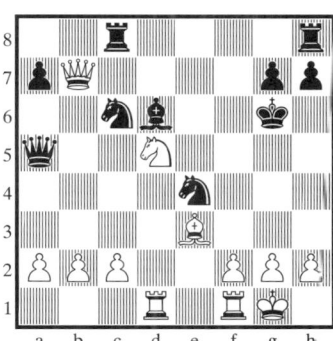

20. b2–b4!

Weiß lenkt eine der gegnerischen Leichtfiguren ab. Auf 20....Dd8 oder 20....Da2: folgt 21.b5.

20. ... Sc6×b4

Verlieren würde auch 20....Lb4: 21.Sf4+ Kf6 22.Sh5+ Kg6 23.Dg7:+ Kh5: 24.Dh6+ Kg4 25.Dh3 matt.

21.	**Sd5–f4+**	**Ld6×f4**
22.	**Db7×e4+**	**Da5–f5**
23.	**De4×b4**	**Lf4–b8**
24.	**Le3×a7!**	

Weiß führt den Kampf auf glänzende Weise zu Ende.

24.	**...**	**Lb8×a7**
25.	**Td1–d6+**	**Kg6–h5**
26.	**Db4–b7**	

Ein Doppelschlag! Es droht nun 27.Td5 und 27.Da7:.

26.	**...**	**Tc8×c2**
27.	**Td6–d5**	

Hier hatte Weiß noch die Möglichkeit, auf komische Weise zu verlieren: 27.Dg7:?? Df2:+!.

27.	**...**	**Tc2×f2**

Jetzt aber geht diese Idee schon nicht mehr.

28.	**Td5×f5+**	**Tf2×f5+**
29.	**Db7×a7**	
	Schwarz gab auf.	

Partie Nr. 21
Kasparow – Anand
Linares 1991

1.	**e2–e4**	**e7–e5**
2.	**Sg1–f3**	**Sg8–f6**
3.	**d2–d4**	

Wir kommen nun zur Betrachtung der anderen großen Fortsetzung von Weiß im dritten Zug gegen die Russische Verteidigung. Es handelt sich um das System, das manchmal auch Steinitz-Angriff genannt wird.

3.	**...**	**Sf6×e4**

Die zweite prinzipielle Möglichkeit von Schwarz – **3....ed4:** wird in der letzten Partie dieses Buchs genauer untersucht. Aufmerksamkeit verdient der seltene Zug **3....d5,** der zur völligen Symmetrie führt. Weiß muß genau spielen, um das Recht des Anzuges zu nutzen.

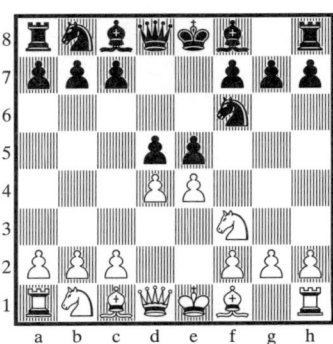

4.Lg5 Nach 4.Se5: Se4: 5.Ld3 entsteht eine Stellung aus der hier kommentierten Partie. Die Theorie empfiehlt 4.ed5: ed4: 5.Lb5+ c6 6.De2+ Le7 7.dc6: bc6: 8.Lc4 0-0 9.0-0 Lg4 10.c3 mit geringem Vorteil für Weiß.

4....de4: 5.Se5: Le7 Schwächer wäre 5....Ld6 6.Sc3 De7? 7.Sd5 Dd8 8.Lc4 Le6 9.Sf6:+ gf6: 10.Le6: Le5: 11.de5: Dd1:+ 12.Td1: fg5: 13.Lc8, und Weiß hat eine Gewinnstellung (Basanta - Schwarzman, Saint John 1988).

6.Lc4 0-0 7.0-0 Sfd7 8.Lf4 Se5: 9.de5: Dd1: 10.Td1: Le6 11.Lb3 Lb3: 12.ab3: f5 13.Sc3 Kf7? Genauer ist 13....c6 mit etwa gleichen Chancen.

14.Sb5 Besser war 14.Sd5! Ld8 15.e6+ Ke6: 16.Lc7: Sc6 17.b4.

14....Sa6 15.e6+ Kf6 16.Ld2 c5 17.Le3 Ke6: und die Aussichten sind gleich (Smirin - Akopjan, Vilnius 1988).

4. Lf1–d3

Nach 4.Se5: d6 5.Sf3 ergibt sich mit Zugumstellung (3.Se5: d6 4.Sf3 Se4: 5.d4) eine Stellung, die wir aus dem ersten Teil des Buchs gut kennen. Die

Theoriebücher führen Beweise an, daß Schwarz im Falle von 4.De2 oder 4.de5: leicht Ausgleich erlangt. Dazu ein Beispiel. In der Partie Balaschow - Michaltschischin (Minsk 1985) erhielt Schwarz nach 4.de5: d5 5.Sbd2 Lf5! 6.Se4: Le4: 7.Ld3 Sc6 8.0-0 Le7 9.Te1 Sb4! 10.De2 Sd3: 11.cd3: Lf3: 12.Df3: vortreffliche Aussichten.

4. ...   d7–d5

5. Sf3×e5

Auch hier wird 5.de5: von der Theorie nicht gutgeheißen. Gegenwärtig spielt wohl nur Großmeister O. Romanischin so: 5....Sc6 6.0-0 Lg4 7.Sbd2 (In der Begegnung Romanischin - Ehlvest, Jerewan 1988, führte Schwarz nach 7.Sc3 Sc3: 8.bc3: Le7 9.Te1 einige ungenaue Züge aus, und zwar geschah 9....Dd7 10.h3 Lh5 11.Tb1 Sd8 12.Le2 c6 13.c4 dc4: 14.Dd7:+ Kd7:. Schwarz hatte den Zwischenzug 15.e6+! übersehen, und nach fünf Zügen - 15....Kc7 (15....fe6: 16.Se5+) 16.ef7: Sf7: 17.Lc4: Ld6 18.Sd4 The8 19.Se6+ Kd7 20.Tb7:+ mußte er aufgeben) 7....Sd2: 8.Ld2: Sd4 9.Le2 Se2:+ 10.De2: Dd7 11.h3 Lf3: 12.Df3: Lc5 13.c4 0-0-0 14.Tad1 De6 15.Lg5 Td7 16.Td5: Td5: 17.cd5: De5: Remis (Romanischin - Makarytschew, Frunse 1985).

5. ...   Lf8–d6

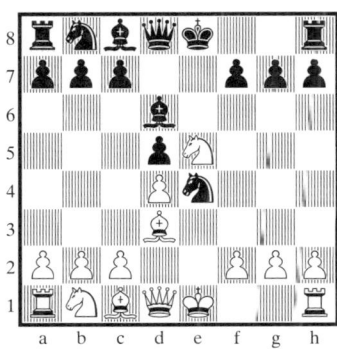

Die Fortsetzung 5....Le7 ist ein wenig passiv, und deshalb besitzt Schwarz die Auswahl zwischen dem alten Zug 5....Ld6 und dem modernen 5....Sd7. Dem beliebteren Springermanöver sind die folgenden drei Partien gewidmet.

6. 0–0

Vor mehr als zehn Jahren haben I. Saizew und ich eine interessante Neuerung präsentiert - **6.Df3!?**. Diese Idee wurde zum ersten Mal in der Partie Saizew - Jussupow (Jerewan 1982) erprobt, aber es zeigte sich, daß Weiß nach 6....De7 7.0-0 0-0 8.Sc3 Sc3: 9.bc3: Le5: 10.de5: De5: 11.Lf4 Df6 12.Dg3 Sc6 nichts Besseres hatte als die Zugwiederholung: 13.Lg5 Dd6 14.Lf4 Df6.

Geller spielte hier einige Male **6.Sc3,** zum Beispiel 6....Sc3: 7.bc3: 0-0 8.0-0 c5 9.Dh5 f5 10.Lg5 Dc7 11.Df3 Le6 12.Tfe1 c4 13.Lf1 Te8 14.Sc4: Lh2:+ 15.Kh1 Sd7 16.Se3 mit entscheidender Überlegenheit von Weiß (Geller - Jussupow, Moskau 1987).

Später fand Jussupow die richtige Verteidigungsmethode für Schwarz: 8....Sd7! 9.Sd7: Dd7: 10.Dh5 g6 11.Df3 Te8 12.Lh6 Lf8 13.Lf8: Tf8: 14.Tfe1 Dc6 15.h4 Dc3: 16.Dd5: Le6, und hier erfolgte in einer Partie zwischen Short und Jussupow (Plowdiw 1983) die Einigung auf Remis.

6. ...   0–0

7. c2–c4

Nicht viel verspricht Weiß der Springerausfall nach c3 oder d2. Die Theorie gibt Varianten an, die völlig zufriedenstellend für Schwarz sind.

7. ...   Ld6×e5

In den vergangenen Jahren hat dieses Schlagen alle übrigen Fortsetzungen verdrängt. Hier sind die Hauptvarianten, die von der »Enzyklopädie der Schacheröffnungen« angegeben werden.

a) 7....f6 8.cd5:!;

b) 7....Sf6 8.Lg5 dc4: 9.Lc4: Le5: 10.de5: Dd1: 11.Td1:;

c) 7....Sc6 8.cd5: Sd4 9.Le4: Le5: 10.Sc3 Lf5 11.Le3 Le4: 12.Lc4: Ld4: 13.Dd4: Lf5;

d) 7....c6 8.Sc3 Sc3: 9.bc3: Le5: 10.de5: dc4: 11.Lc4: Dd1: 12.Td1: Lf5 13.La3 Te8 14.f4.

Stets ist der Vorteil von Weiß unbestritten. Übrigens kam die Schlußstellung in der letzten Variante schon zu Beginn unseres Jahrhunderts in der Partie Maroczy – Marshall (Paris 1900) vor.

8.	**d4×e5**	**Sb8–c6**
9.	**c4×d5**	**Dd8×d5**
10.	**Dd1–c2**	**Sc6–b4**
11.	**Ld3×e4**	**Sb4×c2**
12.	**Le4×d5**	**Lc8–f5**

Die letzten fünf Züge sind, wie längst festgestellt wurde, die besten für beide Seiten. Es hat weder für Weiß noch für Schwarz einen Sinn, davon abzuweichen.

13. **g2–g4** **Lf5×g4**

Schlechter wäre 13....Lg6 14.f4, und Weiß besitzt starke Initiative.

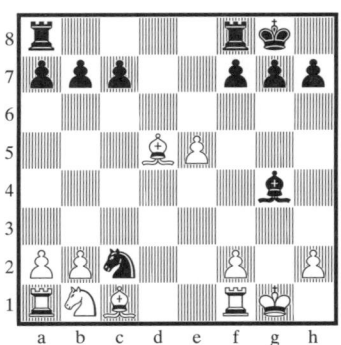

Die kritische Stellung der Variante.

14. **Ld5–e4**

Nach 14.Sa3 Sa1: 15.Le4 Le2! 16.Te1 Tad8 besitzt Schwarz bereits Übergewicht. Die Fortsetzung 14.Lf4 Sa1: 15.Le4 führt zur Zugumstellung, Großmeister Sweschnikow aber bevorzugt beispielsweise 15.Tc1.

Sweschnikow - Bjelow (Moskau 1987): 14.Lf4 Sa1: 15.Tc1 Tad8 (Schwächer ist 15....c6 16.Le4 f5 17.ef6: Tf6: 18.Le3 Le6 19.Sd2 La2: 20.Ta1: Ld5 21.Ld5: cd5: 22.Ta7: Ta7: 23.La7: Tf4 24.Kf1,

und Schwarz bekam das schwierigere Endspiel 16.Sc3 b5 (16....c6 17.Le4) 17.Le4 b4 18.Sd5 Td7 19.f3 Le6 20.Sb4: Tb8 21.Sd3 Ld5 22.Sc5 Tdd8 23.b3 Le4: 24.fe4:, und Weiß hatte die etwas besseren Aussichten.

14. **...** **Sc2×a1**
15. **Lc1–f4**

Zu gleichem Spiel führt 15.Sc3 Lh3 16.Te1 f5 17.ef6: Tae8 18.Le3 Te4: 19.Se4: Sc2 20.Tc1 Se3: 21.fe3: Tc8 22.f7+ Kf8 23.Sg5 Lf5 24.Tf1 h6 25.Tf5: hg5: (Psachis - Makarytschew, UdSSR-Meisterschaft 1980/81) oder 21....c6 22.Sg5 Lf5 23.f7+ Kh8 24.Te1 Lg6 (Tal – Timman, Reykjavik 1987).

15. **...** **f7–f5**

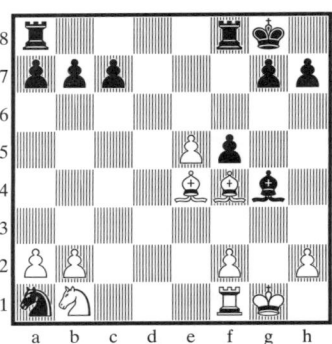

In der Partie Smagin - Schüssler (Kopenhagen 1988) bevorzugte Schwarz 15....f6. Es folgte darauf 16.Sc3 fe5: 17.Lg3 Tad8 18.Ta1: Td2 19.b4 Lf3 20.a3 Le4: 21.Se4: Te2 (richtig ist 21....Td5) 22.Sc5 b6 23.Se6 Tc8 24.Tc1? (Nach 24.Td1! c5 - 24....Kf7 25.Sd8+ Kf6 26.Sc6 - 25.Td7 Te1+ 26.Kg2 c4 27.Tg7:+ Kh8 28.Te7 c3 29.Lh4 erhielte Weiß eine Gewinnstellung nach Sweschnikow. Jetzt aber endet die Partie schnell friedlich:) 24....c5 25.bc5: Tc6! 26.Sd8 Tc5: 27.Td1 Tcc2! 28.Se6 Ted2 29.Te1 Te2 30.Td1 Ted2 Remis.

Im Finale des Schnellschachturniers »Immopar Trophy« zwischen Kasparow und Timman (Paris 1991) verstärkte Weiß sein Spiel durch 17.Le3!?. Und so entwickelten sich die Ereignisse weiter: 17....Lf3 18.Ta1: Le4: 19.Se4: b6 20.b4 a5 21.b5 Tad8 22.Tc1 Tf7 23.a4 h6 24.Kg2 Td3. Weiß hat zwar leichte Initiative, aber er kann daraus nichts Reales machen. 50 Züge später erfolgte der Friedensschluß, und Timman, der die erste Partie gewonnen hatte, erhielt die Trophäe.

16. Le4–d5+

Genauer als 16.Lb7: Sc2! 17.f3 Lh5 18.Ld5: Kh8 19.La8: Ta8: 20.Td1 c5 21.Kf2 Sd4 mit Ausgleich (Romanischin - Kotschijew, Ordshonikidse 1978).

16. ... Kg8–h8

17. Tf1–c1 c7–c6

Wenn 17....Tad8, so 18.Sc3 b5 19.e6! Tfe8 20.Lc7: Tc8 21.Sb5: Te7 22.Ta1: Tec7: 23.Sc7: Tc7: 24.Te1! Te7 25.b4!, und Weiß besitzt klaren Vorteil (Glek - Warlamow, Fernpartie 1987).

18. Ld5–g2

Möglich ist auch 18.Le6 g5 19.Lg5: Tae8 20.Lh6 Te6: 21.Lf8: Lh3 22.Tc3 Tg6+ 23.Tg3 Kg8 24.Le7 f4 25.Tg6:+ hg6: 26.Sa3 f3 mit Ausgleich (Oll - Chalifman, Vilnius 1988). Zu unklarem Spiel führt 20.Lc4 b5 (20....f4? 21.Lf6+) 21.Lf1. Schlecht wäre hier 21....Te5:? 22.Ld2 Te6 23.Lc3+ Kg8 24.Sd2! (van der Wiel - Michaltschischin, Lugano 1987), aber 21....f4, das in der Partie Rosentalis - Iwantschuk (Minsk 1986) vorkam, ergibt ungefähr gleiche Chancen: 22.Lf6+ Tf6: 23.ef6: Lf5 24.f7 Tf8 25.Tc6: Lb1: 26.Tc1 (Aw. Bychowski).

18. ... Tf8–d8

Nichts taugt 18....Tad8 19.Sc3 Td4 20.Le3 Tb4 21.Lc5 mit Gewinn.

19. Sb1–d2

Ungefährlich für Schwarz ist 19.Sc3 Td4 20.Le3 Tb4 oder 19.f3 Lh5 20.Sa3 Td4 21.Le3 Tb4 22.Sc4 Ta4 23.Sa3 Remis (Sax - Jussupow, Saloniki 1988).

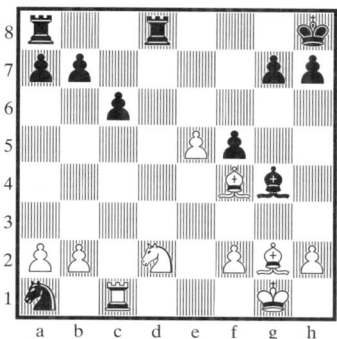

19. ... Td8×d2!

Ein geistreicher Versuch, das materielle Gleichgewicht herzustellen. Wenn Weiß den Springer erobern kann, der in der Ecke des Bretts steht, dann wäre es schlecht um den Gegner bestellt. Interessant ist, daß die Stellung auf dem Diagramm schon in der Praxis vorgekommen ist. In der Partie Rosentalis - Gelfand (Vilnius 1988) folgte weiter 19....h6 20.h4 Td3 21.Ta1: g5 22.hg5: hg5: 23.Lg5: Tg8, und hier führte 24.Lf6+ Kh7 25.Sf1 f4 (im Falle von 25....Lf3 entscheidet 26.Sg3 f4 27.Lf3: Tf3: 28.Kg2 Td3 29.Th1+ Kg6 30.Se4! Kf5+ 31.Sg5 Tg5:+ 32.Lg5: Kg5: 33.Te1) 26.Kh2 Lf3 27.Lh3 Lg4 28.Lg4: Tg4: 29.Kh1! mit der Drohung Sh2 (Rosentalis) zu großem Vorteil von Weiß.

Die Stellung nach 20....Td3 ergab sich in der 6. Partie des Kandidaten - Halbfinales Timman - Jussupow (Linares 1992). Auch hier schlug Weiß nach 21.Lf1! (Neuerung!) Td4 22.Le3 Td5 recht schnell den Springer - 23.Ta1:. Weiter geschah 23....Te5: 24.Sc4 Td5 25.Lg2 Tb5 (Schwarz manövriert etwas sorglos mit seinem Turm auf der fünften Reihe, und Timmans Leichtfiguren, die ihn angreifen, erhalten ideale Felder) 26.Te1 Td8 27.La7: Td1 28.Td1: Ld1: 29.Ld4 f4 30.Le4 Tb4 31.b3 Le2 32.Lc3 Tb5 33.Sd6 Th5 34.f3 La6 35.Sf5 Kg8 36.Sg7: Th4: 37.Lf5, und Schwarz gab bald danach auf.

20.	Lf4×d2	Ta8–d8
21.	Ld2–c3	Td8–d1+
22.	Tc1×d1	Lg4×d1

Der Vorteil des Läuferpaares kompensiert das Fehlen des einen Bauern völlig, dennoch kann Weiß nicht auf Überlegenheit hoffen – auch wenn sich der schwarze Springer auf a1 unwohl fühlt.

23. f2–f4

Leichte Initiative verhieß das von Mazukjewitsch empfohlene 23.Lf1.

23.	...	Sa1–c2
24.	Kg1–f2	Kh8–g8
25.	a2–a4	a7–a5
26.	Lc3×a5	

Sonst springt das Pferd einfach nach b4.

| 26. | ... | Sc2–d4 |

Um den Preis eines Bauern gelangte der Springer in die Freiheit.

| 27. | Lg2–f1 | Ld1–b3! |
| | **Remis.** | |

Partie Nr. 22
Sax – Salow
Brüssel 1988

1.	e2–e4	e7–e5
2.	Sg1–f3	Sg8–f6
3.	d2–d4	Sf6×e4
4.	Lf1–d3	d7–d5
5.	Sf3×e5	Sb8–d7

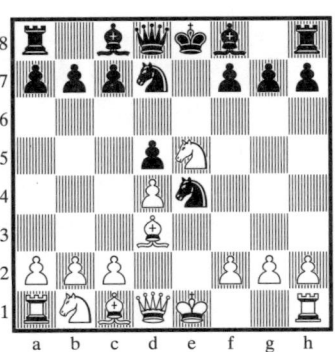

Dies ist heute eine der beliebtesten Stellungen in der Russischen Partie. Laut Statistik ist sie in Großmeisterturnieren am häufigsten anzutreffen.

6. Se5×d7

Heute geschieht dieser Abtausch fast automatisch, wobei hier schon die verschiedensten Fortsetzungen probiert wurden: 6.Sc3, 6.0-0, 6.De2 und 6.Sf7:. Am Beispiel einiger moderner Partien betrachten wir sie einmal kurz.

Sax - Nunn (Brüssel 1988):

6.Sc3 Se5: Der Springertausch ist auch sofort möglich: 6....Sc3: 7.bc3: Se5: 8.de5: Le6 9.0-0 f5! 10.Tb1 Tb8 11.Le3 c5 12.Lb5+ Kf7 13.Le2 Le7 14.f4 Dd7 15.Lf3 Thd8 16.Tf2 Da4 mit ausgezeichnetem Gegenspiel von Schwarz (King - Davidovic, Saloniki 1988).

7.de5: Lb4 8.0-0 Sc3: Oder 8....Lc3: 9.bc3: Le6 10.f4 Dd7 11.Df3 g6 12.c4 Sc5 13.Le2!? Dc6! mit etwa gleichem Spiel (Sax - Nikolic, Brüssel 1988).

9.bc3: Lc3: 10.Tb1 De7 11.Tb3. Hier würde nach 11....Lb4 12.f4 eine komplizierte Stellung entstehen, in der Weiß Kompensation für den Bauern besitzt. Nunn spielte aber unvorsichtig, schlug den Bauern - 11....Le5:, und nach 12.Te1 0-0 13.Dh5 f5 14.Lf4 mußte er aufgeben.

Adams - Petrovic (Paris 1989):

6.0-0 Se5: 7.de5: Sc5 8.Sc3 Sd3: 9.Dd3: c6 10.Se2 Le7 11.Dg3 g6 12.c3 0-0 13.Lh6 Te8 14.f4 Lf5 15.Tad1 Dd7 16.h3 Tad8 17.Sd4 c5 18.Sf5: Df5: 19.Df3 De6 20.Td2 Td7 21.Dg4 f5 22.Dg3 Remis.

Oll - Chalifman (Borshomi 1985):

6.De2 Se5: Ich erinnere an meine Partie gegen Hort (Amsterdam 1980), in der der tschechische Großmeister nach 6....De7 7.Le4: de4: 8.Lf4 Se5: 9.Le5: Lf5 10.Sc3 0-0-0 11.0-0-0 De6 12.De3 h5 13.h3 f6 14.Lh2 g6 15.Kb1 Lh6 16.Dg3 Th7 17.The1 mit den schwarzen Steinen in eine schwierige Lage geriet.

7.Le4: de4: 8.De4: Le6 9.De5: Dd7

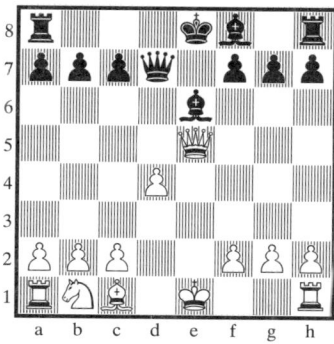

Schwarz hat für den Bauern den Vorteil des Läuferpaares und ein freies Spiel.

10.Le3 Schwächer ist 10.Sc3 0-0-0 11.Le3 Lb4 12.0-0 f6 13.Dg3 Lc3: 14.bc3: h5, und Schwarz steht recht aktiv.

Oder 10.0-0 0-0-0 11.Le3 Lb4 12.Sc3 f6 13.Dg3 Lc3: 14.bc3: h5 15.h4 g5! 16.f3 Tdg8, und es gelang mir nicht, diese Partie zu halten (Karpow - Larsen, Tilburg 1980).

Der bulgarische Großmeister K. Georgiew versuchte das weiße Spiel im 12.Zug in einer Partie gegen Salow (Leningrad 1987) zu verstärken: 12.c3 f6 13.Dg3 Le7 14.Sd2 h5 15.f3 g5 16.c4 f5 17.De5 Ld6 18.Da5 Lf4 19.Lf4: Dd4:+ 20.Tf2 gf4: 21.Sb3 Db6, doch erneut erhielt Schwarz vortreffliche Chancen.

10....Lb4 Das ist aktiver als 10....0-0-0 11.Da5 Dc6 12.Sc3 b6 13.Da6+ Kb8 14.Sb5 Lc4 15.a4 Lb4+ 16.c3 Ld6 17.Da7:+ Kc8 18.0-0-0 Dg2: 19.d5 Ld5: 20.Thg1 Dh2: 21.a5 mit sehr scharfem Kampf, in dem die Chancen von Weiß höher zu bewerten sind (Hort - Short, BRD 1987).

11.c3 Ld6 12.Da5 Nach 12.Dg7: 0-0-0 13.Sd2 Dc6! hat Schwarz reichlich Gegenspiel für die Bauern.

12....Dc6 13.f3 Voreilig wäre es, jetzt zu rochieren: 13.0-0 Ld5 14.f3 b6 15.Da6 Lc4 16.d5 Dd5: 17.Da4+ b5 18.Dd1 De5

19.Kf2 Dh2: 20.f4 Lf1: Weiß gab auf (Klinger - Wolff, Baguio 1987).

13....Ld5 14.Sd2 0-0 15.0-0 Tfe8 16.Tfe1 b6 17.Da6 Lh2:+ 18.Kh2: Te3: 19.Te3: Dh6+ 20.Kg3 De3: Schwarz besitzt Übergewicht (Fedosejew - Rajewski, Fernpartie 1983/84).

Malanjuk - M. Gurewitsch (Tallinn 1987):

6.Sf7: Kf7: Lustig endete eine Partie aus meiner Jugendzeit, Karpow - Saizew (Leningrad 1966): 6....De7 7.Sh8: (später wurde festgestellt, daß Weiß hier mit 7.De2! Vorteil erhält) 7....Sc3+ 8.Kd2 Sd1: 9.Te1 Sf2: 10.Lh7: (das Damenopfer darf Weiß nicht annehmen: 10.Te7:+ Le7: 11.Lh7: Lg5+, und Schwarz behält die Oberhand) 10....Se4+ 11.Te4:! de4: 12.Lg6+ Kd8 13.Sf7+ Ke8 14.Sd6++ Kd8 15.Sf7+ und Remis durch ewiges Schach. Schwarz kann allerdings in Ruhe den Springer auf f7 schlagen, und Weiß hat auch nicht mehr als das Remis.

7.Dh5+ Ke7 Möglich ist auch 7....Ke6 8.Le4: de4: 9.d5+ Ke7 10.Lg5+ Sf6 11.Sc3 De8! 12.d6+! (12.Dh4? Lf5 13.0-0-0 Kf7 14.The1 Le7, und Schwarz steht klar überlegen, Dosoretz - Kischnjow, Jurmala 1975) 12....cd6: 13.Sd5+ Kd8 14.Sf6: Dh5: mit etwa gleichem Spiel.

8.De2 Im Falle von 8.Dd5: erinnert die Situation an das Cochrane - Gambit. In der Partie Demidow - Makejew (Fernturnier UdSSR 1987-90) hatte Weiß nach 8....Sef6 (genauer als 8....Sdf6 9.Db3 Le6 10.Db7: Ld5 11.Da6 Kf7 12.f3 Sd6 13.Sc3 Lb7 14.Da5 mit unklarem Spiel, Nenaschjow - Baikow, Moskau 1985) 9.Df3 Sb6 10.De2+ Kf7 11.c3 Ld6 12.0-0 Te8 13.Dc2 Kg8 die Initiative.

8....Kf7 9.Dh5+ Ke7 10.De2 Remis.

6. ... Lc8×d7
7. 0-0

Nichts bringt Weiß die Folge 7.De2 De7 8.0-0 0-0-0 9.Sd2 Sg5 (gut ist auch

9....Sd2:) 10.De7: Le7: 11.f4 Se6 12.Sf3 Tdf8 13.f5 Sd8 14.Se5 Le8 15.Sg4 f6 16.Lf4 Lf7 mit Ausgleich (Geller - Archipow, Moskau 1986).

7.   ...   Dd8–h4

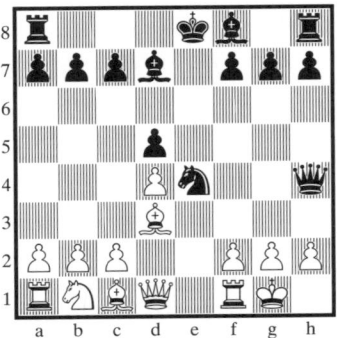

Der Damenausfall nach h4 ist die aktuellste Fortsetzung von Schwarz. Ehe wir aber weitergehen, verweilen wir noch bei zwei anderen Zügen: 7....Ld6 und 7....Df6.

Sweschnikow – Michaltschischin (Kuibyschew 1986):

7....Ld6 8.c4! c6 9.Sc3 0-0 (Schwächer ist 9....Sc3: 10.bc3: dc4: 11.Te1+ Le7 12.La3 Le6 13.Le7: De7: 14.Lc4: 0-0 15.Te5 Da3 16.Le6: fe6: und Schwarz erhielt ein schweres Endspiel; Short - Hübner, Wijk aan Zee 1986) 10.Dh5 Sf6 11.Dh4 dc4: 12.Lc4: Te8 13.Lg5 h6 14.Lf6: Df6: 15.Df6: gf6: 16.Tfe1 Le6 17.Se4 Le7 18.Le6: fe6: 19.Sc5 Lc5: 20.dc5: Tad8 21.Tad1 Kf7 Remis.

Koroljow - Glek (UdSSR-Meisterschaft im Fernschach 1986-88):

7....Df6 (ist mit einem Bauernopfer verbunden) 8.Le4: de4: 9.Sc3 0-0-0 10.Se4: Dg6 (schlecht wäre 10....Db6 11.Te1 h5 12.Dd3 h4 13.h3 Th5 14.c4 Te8 15.Te2, A. Iwanow - Rosentalis, Klaipeda 1985) 11.f3 f5 (nicht besser ist 11....h5 12.Lf4! h4 13.Dd3 h3 14.g4 Db6

15.a4! Le6 16.Tfd1 a6 17.a5 Db2:? 18.Sc3 Db4 19.Ta4 De7 20.d5, A. Iwanow - Kotschijew, Kostroma 1985; hartnäckiger war 17....Dc6 18.Dc3 Dc3: 19.Sc3: und Weiß hat im Endspiel einen Mehrbauern, aber das feindliche Läuferpaar erschwert seine Realisierung) 12.Sf2 Lb5 13.Te1 Ld6 14.Sh3 Tde8 15.Lf4 Te1:+ 16.De1: Te8 17.Dg3 Df6 18.c3 Te2 19.b3 Tc2 20.Ld6: cd6: 21.De1 Weiß hat deutliches Übergewicht.

8.   c2–c4

Nach 8.De1 0-0-0 9.f3 De1: 10.Te1: Sd6 ist das Spiel sofort ausgeglichen. Zu einem komplizierten Kampf dagegen führt 8.Sc3 Sc3: 9.bc3: 0-0-0.

8.   ...   0–0–0
9.   c4–c5

Eine verhältnismäßig neue Idee. Weiß verzichtet auf Aktivitäten im Zentrum und versucht, am Damenflügel gefährliche Drohungen zu schaffen. Auf 9.cd5: folgt stark 9....Ld6 10.g3 Sg3: 11.fg3: Lg3: 12.Dd2? Lh2:+! 13.Dh2: Dd4:+ und 14....Dd3: mit schwarzem Vorteil aufgrund der offenen Stellung des weißen Königs.

9.   ...   g7–g5

Der Sinn dieses aktiven Zuges wird später klar. Nichts bringt 9....Sf2: 10.Tf2: Dd4: wegen 11.c6 oder 11.b4! Da1 12.Lb2 Da2: 13.Sc3. Zu passiv ist 9....Sf6 10.Sc3 g6 (10....Dd4: 11.c6!) 11.Se2 Lh6 12.Lh6: Dh6: 13.Tc1 The8 14.b4 Kb8 15.b5 Lf5 16.Tc3 usw. (Prasad - Ravikumar, Indien 1987), auch 9....g6 10.Sc3 Lg7 11.Se2 Sf6 12.b4 Sh5 13.b5 (Timman - Hübner, Tilburg 1983).

10.   Sb1–c3

Die andere Möglichkeit, den schwarzen Springer sogleich mit 10.f3 aus dem Zentrum zu vertreiben, wird in der Partie Nr.24 gezeigt.

74

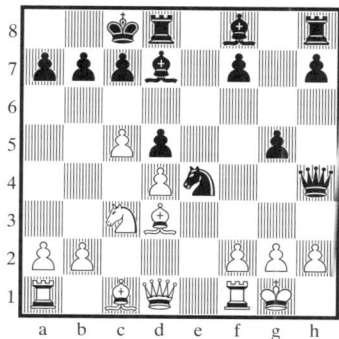

10.   ...   Lf8–g7
Erprobt wurden außerdem 10....Sf6, 10....f5 und 10....Tg8.

Rodriguez – Archipow (Belgrad 1988):
10....Sf6 11.Se2 (auf 11.g3 geschieht nicht 11....Dd4: 12.c6!, sondern 11....Dh3, und wenn 12.Lg5:, so 12....Sg4!; zu unklarem Spiel führt 11.Df3 Lg7 12.Lf5 Kb8 13.g3 Dd4: 14.Lg5: De5 15.Ld7: Td7: 16.h4 Se4 17.Lf4 De6 18.Tfe1 f5 19.Sb5 a6 20.a4 Le5 21.Ta3 d4, Grünfeld - Micha tschischin, Palma de Mallorca 1989) 11...Sg4 12.h3 Sh6 13.Ld2 Tg8 14.f3 f5 15.De1 Dh5 16.b4 Te8 17.Df2 g4? (richtig ist 17....f4!) 18.Sf4! Df7 19.g3! mit klarer Überlegenheit von Weiß.

Wedberg – Schneider (Torschawan 1987):
10....f5 11.Sd5: Sf2!? 12.Tf2: Dd4: 13.Lg5: Lc5: 14.Se3 f4! 15.Lf4: Thf8 16.Df1 De3:! 17.Le3: Le3: 18.De2 Lf2:+ 19.Kh1 Tde8 Schwarz hat für seine Dame gewisse Kompensation.

Rodriguez – Casafus (Buenos Aires 1990):
10....Tg8!? (Eine Neuerung, die Schwarz Erfolg einbringt) 11.Se2? (Besser ist 11.Sd5: Tg6 12.f3 Th6 13.Le4: Dh2:+ 14.Kf2 Dh4+ 15.Ke2 Lb5+ bzw. 15.Kg1 Dh2+ mit Remis bzw. 15.Ke3 f5

und das Spiel ist kompliziert - Casafus, Morgado. Jetzt inszeniert Schwarz einen heftigen Angriff) 11....Tg6! 12.f3 Th6 13.fe4: de4: 14.Lc2 Dh2:+ 15.Kf2 Dh4+ 16.g3 (16.Kg1 Dh1+ 17.Kf2 Tf6+ bzw. 16.Ke3 Lg4! 17.Le4: Te6) 16....Dg4 17.a4 Th2+ 18.Ke1 Le6!, und die Lage von Weiß ist hoffnungslos.

11.   Sc3–e2
In jüngster Zeit wird auch g2-g3 gespielt, um die Dame von den zentralen Feldern abzulenken.

Geller – Howell (Reykjavik 1990):
11.g3 Dh3 12.Se4:
Schlechter wäre 12.Sd5: The8 (12....Lg4? 13.Le4: Ld1: 14.Lf5+) 13.Df3 Lf5 14.Se3 Lg6 15.c6? Td4: mit schwarzem Übergewicht (Smagin - H. Olafsson, Sotschi 1988). Richtig ist 15.d5 Sd2 16.Ld2: Ld3: mit unklarem Spiel.
12....de4: 13.Le4: Lb5 14.Lg5: Td4: 15.Lg2!
Genauer als 15.Db3 Te4: 16.Db5: h6 17.Le3 Th4 18.Tfd1 Dh2:+ 19.Kf1 Dh3+ 20.Ke1 Te4 21.c6! Te3:+ 22.fe3: Dg3:+ 23.Ke2 Dg2+ 24.Ke1 Dg3+ Remis (Dolmatow - Akopjan, Jerewan 1988).
15....Df5 16.Db3 c6 17.Le3 Lf1: 18.Tf1: Td7
Aufmerksamkeit verdiente 18....Thd8 19.Ld4: Ld4:, und die Stellung ist gleich.
19.Da4!
In der Partie A. Iwanow - Makarytschew (Reykjavik 1990), wo zum ersten Mal 11.g3 vorkam, konnte Schwarz nach 19.Da3 Kb8 20.b4 20....Thd8 ziehen, um 21....Td1 vorzubereiten. Jetzt ist das Feld d1 angegriffen, aber Schwarz hat zusätzliche Schwierigkeiten wegen des Punktes c6.
19.Kb8 20.b4
Das materielle Kräfteverhältnis ist etwa gleich, aber Geller attackiert nun energisch am Königsflügel.

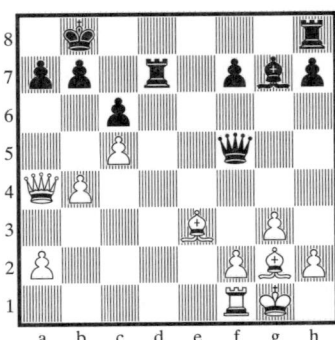

20....Dd3 21.Lf4+ Ka8 22.Ld6! Td6:
Nichts hilft 22....Db5 23.Db3 a5 24.Lh3 bzw. 22....Lf8 23.Lc6:! bzw. 22....Thd8 23.Td1.
23.cd6: Dd6: 24.b5 cb5: 25.Db5: Tb8 26.Tb1 Dc7 27.a4 Lc3 28.Tc1! De5 29.Db3 Ld4 30.Lb7:+! Schwarz gab auf.

Eine interessante Neuerung präsentierte Schwarz in der Partie Arencibia - Wladimirow (Lyon 1991). Auf 11.g3 folgte 11....Dh6!?, und 12.Se4: de4: 13.Le4: f5 14.Lg2 f4! 15.d5 Thf8 16.Te1 Kb8 17.d6 cd6: 18.c6 (18.Dd6:+ Dd6: 19.cd6: Ld4) 18....bc6: 19.Te4 d5 20.Ta4 Ka8 21.Ld2 Lh3 22.Lh1 Df6 ergab deutlichen Vorteil für den Nachziehenden.

11. ... f7–f5
Anderen Fortsetzungen, besonders dem Zug 11....The8, ist die folgende Partie gewidmet.

12. f2–f3

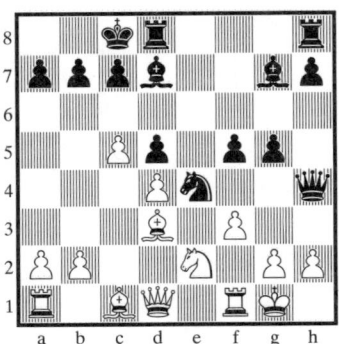

12. ... Th8–f8!?
Ein ungewöhnliches Figurenopfer, das von einem der besten Kenner der Russischen Partie, Großmeister S. Makarytschew, ersonnen wurde. Bislang spielte man das bescheidene 12....Sf6, und Weiß erhielt Übergewicht, zum Beispiel 13.Le3 f4 14.Lf2 Dh6 15.Dd2 The8 16.Tac1 Sg8 17.b4 Kb8 18.b5 Se7 19.Sc3 Sf5 20.c6 Lc8 21.cb7: Kb7: 22.Lf5: Lf5: 23.Sa4 Lf8 24.Da5 Dg7 25.Sc5+ Lc5: 26.dc5:, und Weiß gewann schnell (Tiwjakow – Rajetzki, Machatschalka 1987).

13. a2–a4
Schlecht wäre **13.fe4:** fe4: 14.Lc2 Tf1:+ 15.Df1: Tf8. Jetzt hat Weiß das Feld b5 für seinen Läufer vorbereitet und auch dem Turm den Weg nach a3 freigemacht. Aber auch der Zug **13.De1!** verdient Beachtung, der in dem Treffen van der Wiel – Sisniega (Saloniki 1988) vorkam. Sehen wir uns einige Passagen daraus an: 13....Dh5 14.Da5 (In einer ähnlichen Stellung – siehe diese Partie mit den Anmerkungen zum 14. Zug von Schwarz) führte das Manöver c5-c6 zum schnellen Remis) 14....Kb8 15.Db4 Tf6 16.fe4: de4: 17.Sg3 Dh4 18.Le4: fe4: 19.Tf6: Lf6: 20.Le3 (nicht aber 20.d5 e3! 21.Se4 Ld4!, und Schwarz behält die Oberhand) 20....Lc6 21.Tf1 Dh6. In dieser scharfen Stellung sind die Chancen beider Seiten gleich.

Ungünstiger für Schwarz wäre der Damentausch auf e1: 13....De1: 14.Te1: f4 15.fe4: de4: 16.Le4: Tde8 17.Sc3 Ld4+ 18.Kf1 f3 19.gf3: g4 20.c6 bc6: 21.f4 g3 22.Kg2 c5 23.hg3: Lc3: 24.bc3: Te4: 25.Te4: Lc6 26.Le3 Le4:+ 27.Kh3. Die weiße Stellung ist etwas angenehmer (Kweinis - Fedosejew, Fernpartie 1987-90).

Bleibt nur noch, auf den Zug **13.Le3** zu verweisen, der in einer Partie Rodin - Fedosejew (Fernturnier 1987-90) vorkam:

13....f4 14.Le4: de4: 15.Lf2 Dh5 16.fe4: Lg4 17.Te1 Le2: 18.Te2: f3 19.Td2 Dg4 20.Df1 De4: 21.Te1 Df4 22.Le3 fg2: 23.Dg2: Dh4 24.Ted1 Tfe8. Weiß besitzt leichtes Übergewicht.

| 13. | ... | Td8–e8 |
| 14. | Dd1–e1! | |

In der Stammpartie Sweschnikow - Makarytschew (Moskau 1987) geschah 14.Ta3 f4 15.c6 Lc6: 16.fe4: de4: 17.Lb5 f3 18.Lc6: fe2: 19.Lb7:+ Kb7: 20.De2: Tf1:+ 21.Df1: Tf8 22.De2 Ld4:+ 23.Le3 Df4 24.h4 Dd6 25.hg5: Td8. In diesem scharfen Endspiel sind die Chancen von Schwarz nicht geringer. Hier aber strebt Weiß den Damentausch an, um nach weiteren Vereinfachungen in das etwas bessere Endspiel überzugehen. Aber Schwarz gelingt es verhältnismäßig leicht, sich zu behaupten.

| 14. | ... | Dh4×e1 |

In der Partie van der Wiel - Miralles (Lyon 1988) blieben die Damen auf dem Brett, und schnell wurde Frieden geschlossen: 14....Dh5 15.c6 Lc6: 16.fe4: de4: 17.Lb5 Te6 18.Dd1 f4 19.d5 Td6 20.Sc3 f3 21.Se4: Remis.

15.	Tf1×e1	f5–f4!
16.	f3×e4	d5×e4
17.	Ld3–c4	f4–f3

Nicht aber 17....e3 wegen 18.Tf1!.

| 18. | Lc1–e3 | f3×e2 |
| 19. | Te1×e2 | c7–c6! |

Schwarz möchte durch das weiße Bauernpaar auf der fünften Reihe keine Schwierigkeiten bekommen.

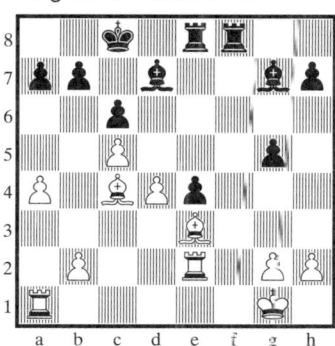

| 20. | d4–d5! | |

Weiß will sich seinerseits nicht mit dem rückständigen d-Bauern abfinden und beeilt sich, ihn abzutauschen.

20.	...	c6×d5
21.	Lc4×d5	h7–h6
22.	Te2–d2	

Nun plant er eine »bewaffnete« Intervention auf der zentralen Linie, doch sein Gegner wehrt leicht alle Angriffsversuche ab.

| 22. | ... | Te8–d8 |

Gefährlicher für Schwarz wäre 22....Lc6 23.Lc6: bc6: 24.Td6.

| 23. | Ta1–d1 | |

Natürlich würde 23.Le4: Tfe8 24.Ld4 Lg4! noch verlieren.

| 23. | ... | Ld7×a4 |
| 24. | Ld5×b7+ | Kc8–c7 |

Die letzte Feinheit. Nach 24....Kb7: 25.Td8: Ld1: 26.Td7+ wird von Schwarz noch große Genauigkeit in der Verteidigung verlangt.

25.	Td2×d8	Tf8×d8
26.	Td1×d8	Kc7×d8
27.	Lb7×e4	Kd8–c7
28.	c5–c6	a7–a6
29.	Le4–d3	Lg7×b2
	Remis.	

Partie Nr. 23
Howell – Makarytschew
Frunse 1989

1.	e2–e4	e7–e5
2.	Sg1–f3	Sg8–f6
3.	d2–d4	Sf6×e4
4.	Lf1–d3	d7–d5
5.	Sf3×e5	Sb8–d7
6.	Se5×d7	Lc8×d7
7.	0–0	Dd8–h4
8.	c2–c4	0–0–0
9.	c4–c5	g7–g5
10.	Sb1–c3	Lf8–g7
11.	Sc3–e2	

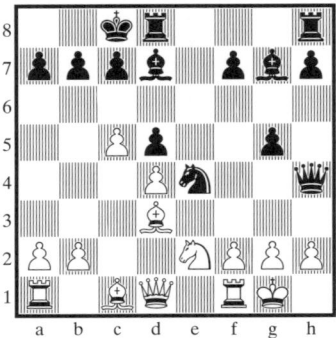

Die Abspiele, welche im Verlauf der letzten fünf Züge möglich waren, wurden breit in den Anmerkungen zur vorherigen Partie dargelegt, die der Fortsetzung 11....f5 12.f3 Thf8 gewidmet war. Jetzt betrachten wir eine andere Zugfolge. Sie wurde erst vor verhältnismäßig kurzer Zeit in die Turnierpraxis eingeführt. Schwarz verzichtet auf einen schnellen Sturm am Königsflügel und zieht es vor, mit einem Turm die e-Linie zu besetzen.

In dieser Partie folgt 11....The8, aber ehe wir dies näher betrachten, sehen wir uns noch zwei andere wichtige Möglichkeiten an.

Weil der schwarze Springer nach f2-f3 von e4 vertrieben wird, kann er sich gleich zurückziehen und nicht erst darauf warten, daß er dazu genötigt wird. Aber es gibt dazu keinerlei Notwendigkeit, hier ist der entsprechende Beweis.

Makarytschew - Kuipers (Wettkampf ZSKA Moskau - Eindhoven 1986):
11....Sf6 12.Ld2 Auf 12.f3 ist 12....Sh5 gut. Und weiter könnte es so gehen: 13.g3 (13.Le3 Sf4 bzw. 13.Kh1 g4! 14.g3 De7) 13....Ld4:+ 14.Kh1 Sg3:+! (14....Dh3? 15.c6 Lc6: 16.Sd4: Sg3:+ 17.Kg1 Sf1: 18.Lf5+ und Weiß gewinnt) 15.Sg3: Lc5: nebst Lc5-d6. Schwarz hat drei Bauern für die Figur. Das Kräfteverhältnis ist also ungefähr gleich. Weil der Springer selbst von e4 wegzog, kann Weiß das Tempo für f2-f3 einsparen.

12....Thg8 Vielleicht war es besser, sofort 12....Sg4 13.h3 Sh6 zu spielen.
13.Tc1 Sg4 Wenn 13....c6, so ist schon 14.f3 und Da4 nebst Ld2-e1-g3 mit gefährlicher Initiative möglich.
14.h3 Sh6 15.c6! Lc6: 16.Tc6: bc6: 17.Da4 Td6 18.Da7: Lf6 19.b4! Weiß besitzt unwiderstehlichen Angriff. Nach 19....Te8 20.b5 Te2: 21.Da8+ gewann er rasch.

Neben dem Zug 11....The8 gibt es auch die Möglichkeit, den anderen Turm nach e8 zu spielen. Ein besonders wertvolles Beispiel dafür ist die folgende Partie - **11....Tde8.**

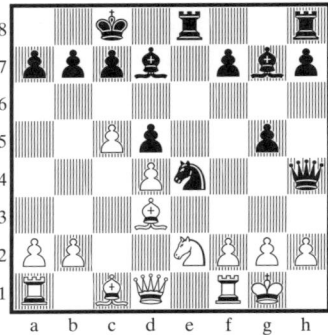

Ulybin - Akopjan (Borshomi 1988):
12.f3
Nach 12.a4 würde der schwarze Turm nach h6 gelangen können - 12....Te6 13.f3 Th6! 14.fe4: de4: 15.Lc4 Dh2:+ 16.Kf2 Tf6+ 17.Ke1 Dg2: 18.Tf6: Lf6: 19.Le3 Lg7. Wieder hat Schwarz drei Bauern für die Figur, und die Chancen sind gleich (Joseliani - Gaprindaschwili, Borshomi 1990).
12....Sf6 13.Ld2 Te2:!
Dieser Einschlag erfolgt auch in unserer Hauptpartie. Man hätte also die Stammbegegnung Ulybin - Akopjan ebenfalls als Hauptpartie in dieses Buch aufnehmen können, aber sie wurde von dem späteren Treffen Howell - Makarytschew verdrängt, weil es Schwarz dort 100%ig gelang, seine Ideen zu verwirklichen.

14.De2: Sh5 15.Df2 Df2:+ 16.Tf2:
Vorauseilend sei angemerkt, daß in der analogen Situation (wo das Feld e8 vom anderen Turm besetzt ist) Howell auf f2 mit dem König geschlagen hat, um die Qualität nicht zurückgeben zu müssen. Im übrigen ist es gefährlich, sie sofort zu nehmen, denn auf 16....Ld4: geschieht 17.Lc3!, und nach 17....Lf2:+ 18.Kf2: hat Weiß dank des Vorteils durch sein Läuferpaar große Gewinnaussichten.

16....Sf4 17.Lf4: gf4: 18.c6!
Mit der Idee, nach 18....bc6: oder 18....Lc6: Schach mit dem Läufer zu geben und den Punkt d4 zu schützen.

18....Le6! 19.cb7:+ Kb8 20.Kh1 Ld4: 21.Tc2 Le3 22.b4 Kb7:
Schwarz hat für die Qualität zwei aktive Läufer, welche es ihm gestatten, die Stellung leicht auszugleichen.

23.g3 fg3: 24.hg3: h5 25.Te1 d4 26.Le4+ Kc8 27.Tc5 Tg8 28.Th5: Tg3: 29.Ta5 Kd7 30.Ld5 Kd6 31.Le6: fe6: 32.Ta6+ Kd5 33.Ta7: Tf3: 34.Tc7: e5 35.b5 d3 36.Td7+ Kc4 37.b6 Lb6: 38.Tc1+ Kb4 39.Tb1+ Kc5 40.Tc1+ Kb4 41.Tb1+ Remis.

11.   ...   Th8–e8
12.   f2–f3
Interessant verlief die Partie **J. Polgar – Gaprindaschwili (Novi Sad 1990),** wo Weiß **12.De1** zog und **12....Sf6** (schlecht ist 12....Ld4:? 13.Sd4: Sc5: 14.Dc3 Sa4 15.Sf5!, und Weiß behält die Oberhand) **13.Dd2 Se4!** 14.De1 Sf6 Zugwiederholung ergeben hätte. Die jüngste der Polgar - Schwestern verzichtete allerdings auf das Großmeisterremis und antwortete **14.Da5!?.** Nach **14....Kb8 15.f3 Sf6** überschätzte Weiß seine Chancen, indem sie spielte:

16.g3 16.Ld2 Sg4 17.fg4: Te2: 18.Le2: Ld4:+ 19.Kh1 Le5 20.h3 Dg3 21.Kg1 würde zum forcierten Remis führen; Gaprindaschwili empfiehlt 16....Sg8!.

16....Dh5 17.a4? Die Exweltmeisterin gestaltet das Finale nun sehr energisch.

17....Sg4! 18.fg4: Lg4: 19.Sf4

Sofort verlieren würde 19.Sc3 Ld4:+ 20.Kg2 Dh3+ 21.Kh1 Lf3+ 22.Tf3: Te1+ nebst Matt. **19....Ld4:+ 20.Kg2 gf4: 21.Lf4: Le5** Noch stärker war 21....Tc8 22.c6 Te2+ 23.Le2: Lh3+ 24.Kh1 De2: oder 22.Tae1 Te1: 23.De1: Lh3+ usw.

22.c6 Lc8 23.Db4 Ld6! Es ist wichtig, die Dame vom Feld b4 zu vertreiben.

24.Db3 Lf4: 25.Tf4: Te3 26.Dc2 Dh3+ 27.Kh1 Keine Rettung bringt 27.Kf2 Dh2:+ 28.Ke3: Dg3:+ 29.Tf3 d4+ 30.Ke2 Lg4.

27....Tg3: 28.cb7: Lb7: 29.Tf7: Tc8 30.Lb5 d4+ 31.Lc6 Tc3! Weiß gab auf.

12.   ...   Se4–f6
13.   Lc1–d2
13.De1 De1: ergibt Chancenausgleich.

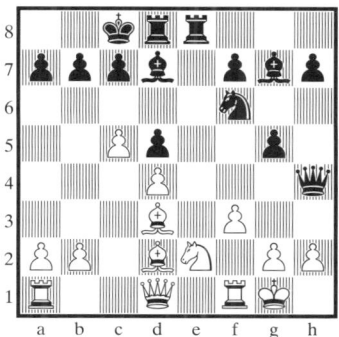

13.   ...   Te8×e2!
In dieser Partie wird die Idee Akopjans mit noch größerem Effekt für Schwarz realisiert. Interessant ist, daß der Sturm auf die weiße Königsstellung hier eine Nebenlinie darstellt. Das Hauptziel besteht in der Untergrabung der weißen Bastion im Zentrum, was nicht ganz typisch für die Variante ist.

14.   Dd1×e2
Im Falle von 14.Le2: ergeben sich ebenfalls sehr schöne Varianten. Die Quintessenz des schwarzen Planes – Vernichtung des Bauern d4 – ist klar. Aber nicht die Dame (14....Dd4:+ ist ungünstig wegen 15.Kh1 h6 16.b4) schlägt den Bauern, sondern der fianchettierte Läufer, nachdem 14....Sg4!! erfolgte.

Jetzt wird der weiße König nach 15.fg4: aus seinem Schlupfwinkel ins Zentrum des Bretts getrieben, wo er untergeht: 15....Ld4:+ 16.Kh1 Le5 17.Lf4 (17.g3 Lg3: 18.Kg2 Dh2:+ 19.Kf3 Te8! bzw. 17.h3 Dg3 18.Kg1 Dh2+ 19.Kf2 Ld4+ 20.Kf3 f5!) 17....Lf4: 18.Tf4: gf4: 19.Dd5: Te8! und die Lage von Weiß ist hoffnungslos (Scherzer - Halasz, Budapest 1990). Richtig war 15.Lf4! gf4:? 16.fg4:, um eine Bresche zu schlagen, oder 15....Sh2:? 16.Lh2: Ld4:+ 17.Kh1 Le5 18.f4 Lf4: 19.Tf4:, und um Schwarz steht es schlecht. Stärker ist allerdings 15....Sf2! mit vortrefflichem Spiel in allen Varianten: 16.Lg5: Sh3+! 17.gh3: Dg5:+ 18.Kh1 Df4 oder 16.g3 Dh6 17.Tf2: gf4: 18.g4 Df6 oder 16.Lg3 Sd1: 17.Lh4: Ld4:+ 18.Kh1 Se3 19.Lg5: Te8 20.Le3: Te3: (Makarytschew).

14.   ...   Sf6–h5!
Natürlich taugt 14....Dd4:+ wegen 15.Le3 nichts.

15.   De2–f2
Auch Weiß hat nur eine einzige Antwort. Nach 15.Le1 Dd4:+ 16.Lf2 Sf4! stünde er bereits schlechter.

15.   ...   Dh4×f2+
16.   Kg1×f2
Wie wir uns erinnern, schlug Ulybin gegen Akopjan mit dem Turm - 16.Tf2:, und auf 16....Ld4: hieß die Antwort 17.Lc3. Schwarz bekommt, ehe er die Qualität zurückerobert, noch einen Bauern - 17....Lc5:.

16.   ...   Sh5–f4!
17.   Ld2×f4   g5×f4

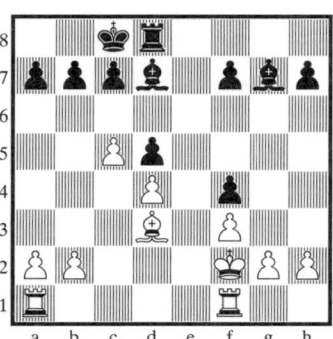

In der recht ruhigen Stellung verfügt Weiß, der auch noch am Zuge ist, über das materielle Übergewicht. Aber er muß einen Remisweg suchen, denn den Verlust zweier Bauern kann er nicht verhindern.

18.   Tf1–e1   Lg7×d4+
19.   Kf2–f1   Ld4×b2!
Der Läufer bleibt auf der langen Diagonale und läßt den Turm von Weiß nicht nach e5 (was Weiß im Falle von 19....Lc5: Gegenspiel einbringt). Außerdem ist es von Nutzen, dem Gegner vereinzelte Bauern zu hinterlassen.

20.   Ta1–b1
Genauer war 20.Tad1, wonach Schwarz nur minimaler Vorteil verbleibt.

20.   ...   Lb2–d4
Im Falle von 20....La3 kann der weiße Turm auf e5 eindringen.

21.   Te1–e7?
Nach 21.Tbc1 Le3 und weiter c7-c6 nebst b7-b6 würde Schwarz zwei verbundene Freibauern auf der c- und d-Linie bilden, aber Weiß besäße dennoch Rettungschancen. Jetzt geraten seine Türme in einen Hinterhalt.

21.   ...   Td8–f8
Der sofortige Versuch, den Turm zu fangen, konnte Schwarz teuer zu stehen kommen: 21....Le6? 22.c6! Lc5? (besser ist 22....Lb6) 23.Tb7: Le7: 24.La6, und Weiß gewinnt. Makarytschew schützt den Bauern f7, ohne die Kontrolle des Feldes c6 durch den Läufer aufzugeben.

22.   Ld3×h7
Jetzt kommt der Turm tatsächlich in der Gefangenschaft um, aber seine Rückkehr würde den Verlust des Bauern c5 nach sich ziehen, wodurch Schwarz nicht zwei, sondern drei verbundene Freibauern bekäme. Es ist klar, daß der weiße Freibauer auf der h-Linie diese Übermacht nicht aufwiegen könnte.

22.   ...   Ld7–e6
23.   Tb1–e1   Ld4–e3!
Damit vereitelt Schwarz das doppelte Schlagen auf e6.

24. g2–g4   Tf8–h8!

Es kann nichts schaden, zunächst den h-Bauern ins Visier zu nehmen.

25. Lh7–f5   Kc8–d8
26. Te7×e6

Im Falle von 26.Le6: forciert Schwarz durch 26....Ke7: 27.Ld5: Th2: 28.Te2 Te2: 29.Ke2: c6 30.Lc4 Lc5: den Turmtausch und gewinnt leicht das Läuferendspiel. Etwas ähnliches passiert auch in der Partie.

26. ...   f7×e6
27. Lf5×e6   Th8×h2
28. Te1–d1   Th2–h1+
Weiß gab auf.

Auf 29.Ke2 geschieht 29....Td1: 30.Kd1: c6.

Partie Nr. 24
Dolmatow – Makarytschew
Reykjavik 1990

1.	e2–e4	e7–e5
2.	Sg1–f3	Sg8–f6
3.	d2–d4	Sf6×e4
4.	Lf1–d3	d7–d5
5.	Sf3×e5	Sb8–d7
6.	Se5×d7	Lc8×d7
7.	0–0	Dd8–h4
8.	c2–c4	0–0–0
9.	c4–c5	g7–g5
10.	f2–f3	

In den beiden vorangegangenen Partien setzte Weiß hier mit 10.Sc3 Lg7 11.Se2 fort, und Schwarz erhielt nach 11....f5 oder 11....The8 ausreichende Gegenchancen. Das Ziel des Zuges f2-f3 besteht zum Beispiel darin, der Idee Akopjans - Te2: und Sh5 - entgegenzuwirken. Neben 10.f3 und 10.Sc3 wurde auch schon 10.Sd2 und 10.Le3 gespielt.

Pinkas - Kuczynski (Wroclaw 1987): **10.Sd2** Sd2: 11.Ld2: Tg8 12.Tc1 (Ein scharfsinniges Bauernopfer) 12....Dd4: 13.Lc3 Dh4 14.Lf6. Hier antwortete Schwarz 14....Te8 und verlor danach

überraschend schnell: 15.f4 Le7 16.c6 bc6: 17.Le7: Te7: 18.Db3 Dg4 19.h3 De6 20.Tce1 Schwarz gab auf.

Aufmerksamkeit verdiente 14....Lg7!?, und nach 15.Ld8: Td8: besitzt der Nachziehende das Läuferpaar und einen Bauern für die Qualität. Das Spiel steht dann etwa gleich.

Was den Zug **10.Le3** angeht, so führt er gewöhnlich zur Zugumstellung (f2-f3 und Se4-f6 wird nur verschoben).

Selbständige Bedeutung haben die Varianten 10.Le3 f5 11.f3 Sf6 mit unklarem Spiel oder 10....Te8 11.Sd2 (11.Sc3 Te6! mit der Standarddrohung 12....Th6) 11....Lg7 12.Sf3 Dh5 13.Sg5: Dd1: 14.Tad1: Sg5: 15.Lg5: Ld4: 16.c6! Lg4! 17.Lf5+, und die Chancen sind ungefähr gleich.

10.	...	Se4–f6
11.	Lc1–e3	

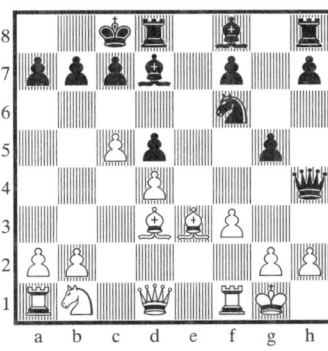

Jetzt hat Schwarz die Wahl zwischen 11....Tg8 und 11....Te8. In der Partie van Riemsdijk - Finegold (Dieren 1990) wurde die Neuerung **11....Lg7** ausprobiert, allerdings nicht sehr erfolgreich. Es folgte darauf 12.Sc3 Tde8 13.Lf2 Dh6 14.g3 Dh3?! (genauer war 14....g4 oder 14....Sh5) 15.Dc2 h5 16.Tfe1 h4 17.c6! bc6: 18.La6+ Kd8 19.Db3 Le6 20.Lf1! Df5 21.Te5 Dg6 22.Db7 Sh5 23.Dc6: hg3: 24.hg3: Le5: 25.de5: Dc2 26.Da8+ Schwarz gab auf (26....Lc8 27. Dd5:+ Ld7 28. Da8+ Lc8 29. Td1+).

11. ... Td8–e8

Interessant ist, daß in der vorangegangenen Partie zwischen diesen beiden Partnern **11....Tg8** gezogen wurde und Schwarz schnell gewann. Dieses Treffen fand drei Monate später statt, und Makarytschew wollte seinem Gegner keine Gelegenheit geben, das Spiel zu verstärken. Also wählte er ein anderes Turmmanöver. Obwohl Dolmatow in dem scharfen Kampf Revanche nehmen konnte, denken wir, daß es nicht an der Eröffnung gelegen hat. Zunächst aber sehen wir uns das vorherige Duell der beiden Moskauer Großmeister an.

Dolmatow - Makarytschew (Palma de Mallorca 1989):
11....Tg8 12.Sc3 Nach 12.Lf2 Dh6 droht g4-g3.
12....g4! 12....Te8 13.Lf2 Dh6 14.Dd2 und Weiß hat klares Übergewicht.
13.De1?

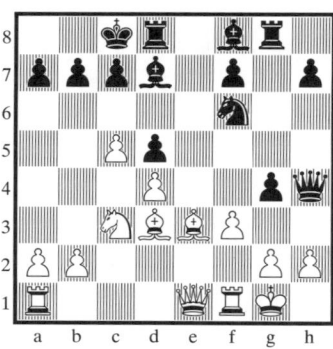

Ein taktisches Versehen. Unbedingt notwendig war 13.g3 Dh3 14.f4 Sh5 (sicherer für Schwarz ist 14....Te8) und erst jetzt 15.De1!. Diese Stellung ergab sich bald darauf in der Partie Riemsdijk - Casafus (Buenos Aires 1990). Weiter geschah 15....Te8 16.Df2 Sf6 17.Tfe1 Lg7 18.Dc2 Te7 19.Lf2 Tge8 20.Te5 c6, und hier hätte anstelle von 21.Tae1 Sg8 22.b4 sogleich 21.b4! gewonnen. Jetzt kann man verstehen, warum Makarytschew in seinem wiederholten Treffen

gegen Dolmatow auf 11....Tg8 zugunsten von 11....Te8 verzichtete.
13....g3! Makarytschew, der die Partie später kommentierte, nahm während des Treffens an, daß Dolmatow nur 13....Dh5 in Betracht gezogen hatte, nachdem er für den Fall g4-g3 diese schöne Variante durchgerechnet hatte: 14.hg3: Tg3: 15.Se2! Tg2:+? 16.Kg2: Dh3+ 17.Kg1 Ld6!? 18.cd6: Tg8+ 19.Lg5!!, wonach Weiß gewinnt, indem er mit dem König wegläuft: Kg1-f2-e3-d2. Das Gefühl der Gefahr änderte sich bei ihm...
14.hg3: Oder 14.h3 Lh3: 15.gh3: Dh3: 16.Dd2 g2 17.Tfd1 Dh1+ 18.Kf2 g1D+ 19.Tg1: Dh2+ 20.Kf1 Tg1:+ mit Gewinn.
14....Tg3: 15.Dd2 Es zeigt sich, daß auf 15.Se2 die Zugfolge 15....Ld6! 16.cd6: und erst jetzt 16....Tg2:+ 17.Kg2: Tg8+! 18.Lg5 Tg5:+ 19.Sg3 Lh3+ usw. entscheidet.
15....Lc5:! 16.dc5: Tdg8! Natürlich nicht sofort 16....d4 17.Lf4!, und schon steht Weiß besser.
17.Tfd1 d4! 18.c6 de3: 19.cd7:+ Kd8 Weiß gab auf wegen 20.De2 Tg2:+ 21.Dg2: Df2+ 22.Kh1 Dg2: matt.
12. Dd1–d2

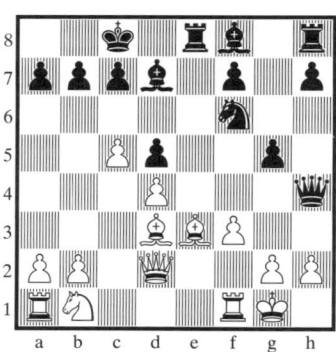

Eine Überraschung, die Dolmatow speziell für diese Partie vorbereitet hatte (die Dame spielt nicht nur die Rolle des Verteidigers für den Läufer, sondern nimmt auch das Feld a5 ins Visier).

Interessant ist, daß sein Gegner einmal mit Weiß (Makarytschew - Ye Rongguang, Belgrad 1988) hier 12.Lf2 zog. Nach 12....Dh6 (12....Dh5 13.Sc3 g4 14.fg4: Sg4: 15.h3) 13.Sc3 g4 14.f4 g3! 15.Lg3: Tg8 16.Df3 Lg4? 17.Df2 Se4 18.Le4: de4: 19.Tfe1 f5 20.d5 Da6 21.De3 Dc4 22.Lf2 Lf3 23.g3 Td8 24.Tac1 Da6 25.d6 c6 26.b4 entspann sich ein sehr scharfer Kampf, in dem Weiß zwar leichte Initiative hatte, doch schließlich behielt Schwarz die Oberhand.

Makarytschew führt diese Variante an: 16....Sh5!? 17.Dd5: Lc6 18.Df5+ Kb8 19.Le4 Sg3: 20.hg3: Dg7 21.Lc6: Dd4:+ 22.Kh2 bc6: 23.Tad1 Dc5: 24.Dc5: mit minimalem Übergewicht von Weiß.

12.   ...   Te8×e3!?

Weiß konnte seinen Gegner nicht überraschen. Verlieren würde 12....Tg8 13.Lf2 Dh6 14.Da5 Kb8 15.Lg3 Tc8 16.Sc3 g4? 17.Lf5! Lf5: 18.Sb5 a6 19.Lc7:+ Ka8 20.Db6 ab5: 21.Da5 matt. Nach 16....Sh5 17.Le5 Lg7! würde auf dem Brett eine verwickelte Lage entstehen.

13.   Dd2×e3   Sf6–h5

Die einzige Antwort. Nach 13....Lg7? 14.g3 gerät das schwarze Gegenspiel in eine Sackgasse.

14.   Tf1–d1

Ein ungenauer Zug. Makarytschew verwies auch darauf, daß die Züge 14.Lf5, 14.Df2, 14.Sa3 und 14.Sd2 ungefährlich für Schwarz sind. Weiß sollte richtig 14.Sc3 Lg7 15.Se2 Te8 16.Df2 spielen, wonach zwei scharfe Varianten entstehen:
a) 16....Sf4 17.Tad1 Df2:+ 18.Kf2: Te6 19.Tfe1 mit der Drohung b2-b4 und
b) 16....Te2:!? 17.Dh4: gh4: 18.Le2: Ld4:+ 19.Kh1 Sf4! 20.Tad1 Lb2: 21.Td2 Lc3 22.Tc2 Se2: 23.Te2: Lb5.

14.   ...   Lf8–g7
15.   Ld3–f1   g5–g4

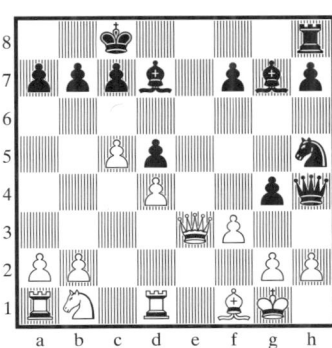

Es drohte schon 16.Df2, was alle Gefahren beseitigt hätte.

16.   c5–c6

Ein Hasard-Zug. Nach 16.fg4: Te8 17.Dd3 Lg4: 18.Sc3! Ld1: 19.Td1: wäre das Spiel dem Remis sehr nahe. Diese Variante wird auch in der Partie gespielt, nur mit dem Unterschied, daß Weiß einen Bauern hergibt.

16.   ...   b7×c6
17.   f3×g4   Th8–e8!
18.   De3–d3   Ld7×g4
19.   Sb1–c3

Die Qualität kann Weiß nicht behalten: 19.Tc1 Lh6 drohend 20....Le3+ 21.Kh1 Sg3 matt.

19.   ...   Lg4×d1
20.   Ta1×d1   Dh4–g5

Alles hat sich beruhigt, und Schwarz behält einen Mehrbauern.

21.   Kg1–h1   Sh5–f6
22.   Lf1–e2   h7–h5

Das ist ein Tempoverlust, besser war es sofort 22....Sg4 zu ziehen.

23.   b2–b4

Weiß versucht seine letzte Chance, die im Gegenspiel am Damenflügel besteht, und sie rechtfertigt sich überraschend.

23.   ...   Sf6–g4
24.   Le2×g4   h5×g4
25.   Dd3–a6+   Kc8–d7
26.   b4–b5   Dg5–h6
27.   b5×c6+   Dh6×c6
28.   Da6–d3   Dc6–e6
29.   Td1–f1   c7–c6?

Eine unnötige Schwächung der eigenen Königsstellung. Nach 29....a6 mußte sich Weiß noch Sorgen um das Remis machen.

30.	Sc3–a4	Kd7–d8
31.	Sa4–c5	De6–e2
32.	Dd3–b1	De2–b5
33.	Db1–f5	Te8–e7
34.	a2–a4	Db5–b4??

In Zeitnot begeht Schwarz den entscheidenden Fehler. Nach 34....De2 (es drohte 35....Ld4:, und der Turm f1 wird nicht aus dem Auge gelassen) 35.Db1 Kc8 36.Df5+ Kd8 37.Db1 Kc8 würde die Partie mit Zugwiederholung enden.

35.	Df5–f4!	Lg7×d4
36.	Df4–d6+	Kd8–e8
37.	Dd6×c6+	Ke8–f8
38.	Dc6–c8+	Te7–e8

Verlieren würde auch 38....Kg7 39.Dg4:+ Kh7 40.Dh4+ und De7:.

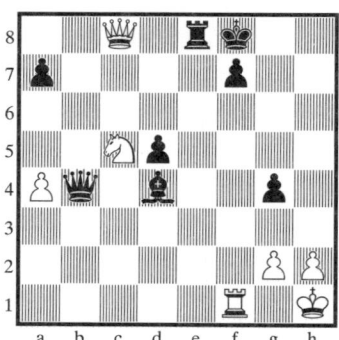

39.	Sc5–e6+!	Kf8–e7
40.	Dc8–c7+	Ke7×e6
41.	Dc7×f7+	
	Schwarz gab auf.	

Partie Nr. 25
Kasparow – Karpow
10.WM-Partie
New York 1990

1.	e2–e4	e7–e5
2.	Sg1–f3	Sg8–f6
3.	d2–d4	

Bislang begann unser Eröffnungsstreit mit Kasparow stets mit dem Zuge 3.Se5:. Dieses Mal aber änderte Kasparow die Spielrichtung, ohne mich damit zu überraschen.

3.	...	e5×d4

Die Theorie gibt dem Schlagen mit dem Springer 3....Se4: den Vorzug. In den vorangegangenen Partien haben wir diese Fortsetzung genau untersucht. Meine Wahl fiel hier auf 3....ed4:, weil ich speziell für dieses WM - Match eine interessante Neuerung vorbereitet hatte. Die Partie wurde zwar nicht sehr aufregend, aber ihr theoretischer Wert steht außer Zweifel.

4.	e4–e5	Sf6–e4
5.	Dd1×d4	

Zu verschiedenen Zeiten waren hier die Züge 5.De2, 5.Ld3 und 5.Lb5 populär. Schließlich wurde festgestellt, daß die zentralisierte weiße Dame das Gefährlichste für Schwarz ist.

5.	...	d7–d5
6.	e5×d6	Se4×d6
7.	Sb1–c3	

Die Hauptfortsetzung, aber auch 7.Lg5 und 7.Ld3 sind gut erforscht.

7.	...	Sb8–c6

Schon vor dreißig Jahren wurde der Läuferausfall 7....Lf5 aussortiert, denn nach 8.De5+ De7 9.Sd5 De5: 10.Se5: f6 11.Sf3 Kd7 12.Lf4 hat Weiß klaren Vorteil (Bronstein - Borisenko, UdSSR - Meisterschaft 1961).

8.	Dd4–f4	

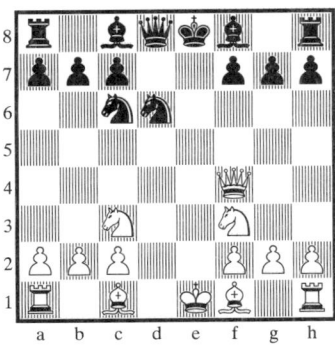

Eine bekannte Stellung, in der schon sehr viele Abspiele erprobt wurden: 8....De7, 8....Le7, 8....g6, 8....Lf5. Alle sind von der Schachtheorie untersucht worden, und es zeigte sich, daß Weiß stets einen kleinen Vorteil erlangt. Wir beschränken uns auf ein interessantes Beispiel, das die letzte der angegebenen Möglichkeiten illustriert.

Klovans – Harman (Fernschach-Europameisterschaft 1983-87):

8....Lf5 9.Lb5

Dieser Läuferausfall führt auch im Falle von 8....g6 zum Vorteil von Weiß.

9....De7+

Die Verteidigung 9....Le7 10.Lc6:+ bc6: 11.Se5 0-0 12.Sc6: De8 13.Se7:+ De7:+ 14.Le3 Lc2: 15.Tc1 Ld3 16.Sd5 Dd8 17.Dd4! brachte Überlegenheit für Weiß (Sax - Jussupow, Rotterdam 1988).

10.Kf1

Die forcierte Variante 10.Le3 Sb5: 11.Sb5: Db4+ 12.Db4: Lb4:+ 13.c3 Ld6 14.Sd6:+ cd6: 15.0-0-0 Le6 16.Td6: La2: räumt Weiß die besseren Chancen ein, aber die Stellung vereinfacht sich sehr, was nicht jedermanns Sache ist.

10....Le4 11.Lc6:+

Gewöhnlich wird hier 11.La4 0-0-0 12.Le3 f6 13.Se4: De4: 14.Td1 gezogen, und Weiß steht besser (eine alte Empfehlung von Keres).

11....Lc6: 12.Se5 0-0-0

Schwarz ist gezwungen, den König zum geschwächten Damenflügel zu bringen.

Andere Fortsetzungen verheißen ihm nichts Gutes: 12....Lb5+ 13.Sb5: Sb5: 14.Sf7: Df7: 15.De5+ bzw. 12....De6 13.Sc6: bc6: 14.Df3 Dd7 15.Sa4.

13.Sc6: bc6: 14.Da4 Sb5 15.Da6+ Kb8 16.Le3 Db4

Schlecht ist 16....Sd4 17.Td1 De5 (17....c5 18.Sb5) 18.Ld4: Td4: 19.Te1.

17.Dc6: Sd4

Diese Stellung ist der Theorie seit langem bekannt und wurde als befriedigend für Schwarz eingeschätzt. In der Tat kann die Initiative des Nachziehenden nach 18.Ld4:? Td4: oder 18.De4 Lc5 (mit der Drohung The8) 19.a3 Dc4+ 20.Dd3 Dd3:+ 21.cd3: Sc2 gefährlich werden.

18.Da6

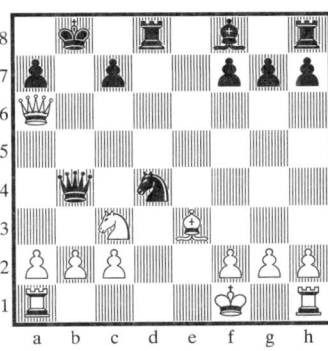

Klovans fand eine Fortsetzung, die die Beurteilung der Stellung von Grund auf änderte. Hier erkannte Schwarz den listigen Hintergedanken von Weiß: 18....Td6 19.Dd3! und schlecht wäre 19....Sb3 wegen 20.La7:+!. Nach 19....Le7 20.a3 hat er keine Kompensation für den Bauern.

18....Lc5 19.a3 Db7 20.Db7:+ Kb7: 21.Tc1.

Also endete der Eröffnungsstreit zugunsten von Weiß, der einfach einen Bauern mehr besitzt. Witzig ist nur, daß seine Realisierung fast... fünf Jahre (!) dauerte, denn es handelte sich um eine Fernpartie.

Warum habe ich eine Variante ausgewählt, die zu ernsten Problemen für Schwarz führt (der ja im achten Zug zwischen vier verschiedenen Abspielen wählen kann)? Es zeigt sich, daß Schwarz sogar noch eine fünfte Möglichkeit besitzt, die von I. Saizew entdeckt wurde.

8. ... Sd6–f5!?

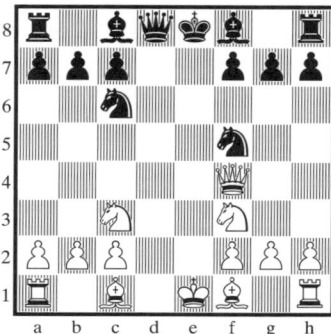

Ein völlig logischer, wenn auch nach formalen Gesichtspunkten etwas paradoxer Zug. Er war bis dahin noch keinem in den Sinn gekommen. Daß er logisch ist, fällt ins Auge. Aber, daß er auch paradox ist... Lange ist ja bekannt, daß Zeitverluste für Manöver schon entwickelter Figuren – besonders in offenen Stellungen – nichts Gutes bringen. Außerdem hat der Springer schon viermal gezogen, und acht Züge sind erst ausgeführt! Es scheint so, als sei das gefährlich für Schwarz.

9. Lf1–b5

Nach 9.Sb5 Lb4+ 10.c3 La5 11.g4 Se7 besteht für Schwarz keine Gefahr mehr.

9.	**...**	**Lf8–d6**
10.	**Df4–e4+**	**Dd8–e7**

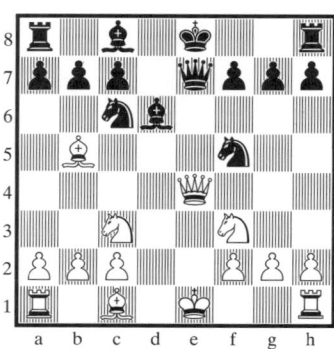

11. Lc1–g5

Es lohnt sich für Weiß nicht, den Abtausch 11.Lc6:+ zu forcieren. In diesem Falle ist nach dem Tausch auf e4 der Zug Sd6:+ keine Drohung mehr.

Nach dem naheliegenden **11.0-0** 0-0 (11....Ld7 12.Lc6: bc6: ist auch annehmbar für Schwarz) 12.Lc6: bc6: 13.Dc6: spielt Schwarz 13....Tb8 und erhält gute Kompensation für seinen Bauern.

Nichts Wesentliches verspricht Weiß auch die Zugfolge 12.De7: Sfe7: (Sce7:) 13.Se4 Lb4.

In der Partie geschah 11.Lg5 f6 12.Ld2, und die Lage des Bauern auf f6 ist vielleicht günstig für Schwarz. Deshalb war es besser, sofort **11.Ld2** zu spielen und weiter 11....Ld7 12.0-0-0 De4: 13.Se4: Le7 14.The1 0-0-0. Jetzt würde 15.Seg5?! Tdf8! 16.g4 Lg5: 17.Lg5: Sd6 18.Lc6: Lc6: 19.Sd4 (19.Se5 f6 20.Sc6: fg5: mit Ausgleich) 19....Ld7 20.Le7 Te8 21.Ld6: cd6: 22.f3 am schnellsten zum Remis führen, aber nach 15.Lc4!? ist die weiße Stellung angenehmer.

Übrigens ergibt sich nach 14.g4 (anstelle von 14.The1) 14....a6 15.Lc4 Sd6 16.Sd6:+ Ld6: 17.Tde1+ die Schlußstellung aus der kommentierten Partie, nur mit dem Unterschied, daß der schwarze f-Bauer noch auf seinem Ausgangsfeld steht. Jetzt ist nach 17....Se7 oder 17....Le7 der Zug 18.Se5 möglich, und Weiß bewahrt leichte Initiative.

11. ... f7-f6

Natürlich taugt 11....De4:+ 12.Se4: Le7 13.Lc6:+ bc6: 14.Le7: und 15.0-0-0 nichts für Schwarz, weil das resultierende Endspiel danach kaum noch zu retten ist.

12. Lg5-d2 Lc8-d7
13. 0-0-0 De7xe4!

Der einzige Zug. Schlecht wäre 13....0-0-0 wegen 14.Lc6: und 13....0-0 wegen 14.De7: Sfe7: (14....Le7: 15.Lf4!) 15.Se4.

14. Sc3xe4 Ld6-e7

Immer auf das entsprechende Feld! Der Stellung des Springers auf c3 entspricht der Punkt d6 für den schwarzen Läufer. Geht der Springer aber nach e4, so muß der Läufer nach e7 ziehen. Schlechter für Schwarz wäre 14....0-0-0 15.g4 Sfe7 16.Sd6:+ cd6: 17.g5 Lg4 18.Le2.

15. g2-g4

Der letzte Versuch von Weiß, die Initiative zu erkämpfen. Im Falle von 15.Lf4 0-0-0 16.g4 sieht 16....g5 nicht übel aus.

15. ... a7-a6?!

Nicht so klar ist 15....Sh6 16.Sf6:+! (16.Lh6: gh6: 17.h3 h5! 18.gh5: f5 bzw. 18.g5 fg5: 19.Seg5: h6, und Schwarz besitzt vortreffliches Spiel) 16....gf6: (16....Lf6:? 17.g5 Lg4 18.gf6: Lf3: 19.fg7: Tg8 20.Lh6: Lh1: mit Gewinnchancen für Weiß) 17.Lh6: Lg4: 18.Td3, und Weiß gibt den Ton an.
Nach dem sicheren 15....Sd6 16.Sd6:+ Ld6: 17.Tde1+ Kf8 18.Thg1 Te8 19.Te8:+ Ke8: ist die Stellung total gleich.

16. Lb5-c4?!

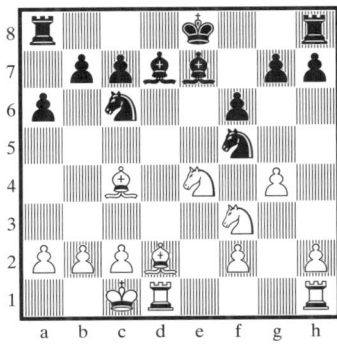

Und jetzt konnte Kasparow genauer spielen. Nach 16.La4 b5 17.Lb3 (17.gf5: ba4: 18.Sg3 0-0-0) 17....Sfd4 hat Schwarz auch keine Probleme, doch wenn Weiß mit 16.Lc6: Lc6: 17.The1 Le4: (17....Sd6? 18.Sd6:+ cd6: 19.Sd4) 18.Te4: Sd6 19.Te2 fortsetzt, so hat er positionelle Vorteile wegen der Drohung Sf3-d4-e6.

16. ... Sf5-d6
17. Se4xd6+ Le7xd6
18. Td1-e1+

Hier bot Kasparow remis an, was auch angenommen wurde. Das Ergebnis ist zwar gesetzmäßig, aber es lohnte sich dennoch für Weiß, den Antwortzug abzuwarten. Die Sache ist nämlich die, daß von vier möglichen Fortsetzungen, die auf den ersten Blick gleichwertig aussehen, nur eine richtig ist.
Nach 18....Kf8? 19.Thg1 Te8 20.g5 Te1:+ 21.Te1: oder entsprechend 18....Kd8 19.Thg1 Te8 20.g5 Te1:+ 21.Te1: kann Schwarz seine Kräfte nur schwer konsolidieren. Zum Beispiel ist in beiden Fällen 21....Se5 schlecht, und zwar wegen 22.Se5: Le5: 23.f4.
Klare Initiative besitzt Weiß auch nach 18....Se7?! 19.Thg1 0-0-0 20.Sd4.
Ich wollte natürlich mit dem Läufer zurückgehen - 18....Le7!, und 19.Ld5 0-0-0 20.Lc6: Lc6: 21.Te7: Lf3: 22.Tg1 Td7 hätte zum völligen Ausgleich geführt.
Also, die Fortsetzung unserer Diskussion in der Russischen Partie wird auf künftige Schlachten vertagt!

Variantenverzeichnis